LE

PROCÈS DE LEIPZIG

(Affaire de la Ligue des Patriotes)

LE PROCÈS
DE
LEIPZIG

AFFAIRE DE LA

LIGUE DES PATRIOTES

Compte Rendu complet des Débats

PAR

S. WERNER

Rédacteur en Chef de la *Gazette des Tribunaux*, de Leipzig.

PARIS

A LA LIBRAIRIE ILLUSTRÉE

7, RUE DU CROISSANT, 7

INTRODUCTION

Ce lundi, 13 juin, a commencé devant le Tribunal de l'Empire, à Leipzig, le procès contre huit inculpés de l'Alsace-Lorraine, accusés de haute trahison.

Les dispositions du code pénal allemand sur lesquelles est fondée cette accusation sont les suivantes :

Quiconque entreprend de détacher une partie du territoire de la confédération germanique et de l'annexer à un État étranger sera condamné, pour crime de haute trahison, à une détention perpétuelle dans une prison ou dans une forteresse. Lorsqu'il y aura des circonstances atténuantes, l'inculpé pourra être condamné à cinq années au moins d'emprisonnement dans une forteresse. Outre l'emprisonnement, la peine comporte encore la perte des emplois publics, ainsi que les droits conférés par le suffrage universel.

Toute autre démarche préparant et disposant au crime de haute trahison est punie de trois années de détention dans une prison ou dans une forteresse. Lorsqu'il y a des circonstances atténuantes, l'inculpé peut être condamné à une détention de six mois à trois années dans une forteresse.

La participation à une Société dont l'existence, les principes ou le but sont tenus secrets devant le gouvernement ou dans laquelle on promet l'obéissance à des supérieurs inconnus et non désignés est passible de six mois d'emprisonnement pour les membres et d'un mois à un an de détention pour les fondateurs et les directeurs de ladite Société.

Les accusés sont :

1. Le fabricant EMILE KŒCHLIN, à Mulhouse ;

2. Le fabricant CHARLES BLECH, à Markirch;
3. Le commis CHARLES SCHIFFMACHER, à Mulhouse;
4. L'employé ERNEST-FRANÇOIS FRAPP, à Pfastadt;
5. Le directeur de fabrique EUGÈNE JORDAN, à Masmimster;
6. Le comptable EUGÈNE REYBEL, à Strasbourg;
7. L'entrepreneur de roulage JOSEPH FREUND, aîné, à Haguenau;
8. Le rentier GEORGES HUMBERT, à Metz.

Les défenseurs les plus distingués sont à la disposition des accusés; ce sont pour les numéros:

1. ZEHM, Leipzig.
2. MUNKEL, Berlin.

3. FREYTAG, Leipzig.
4. FELS, Dr; Leipzig.
5. LUDEN, Dr, Leipzig.
6. OTT, Strasbourg.
7. SCHOTT DE SCHATTEUSTEIN, Strasbourg.
8. STRŒVER, Metz.

Comme témoins, sont invités et ont comparu :

Le Landrichter, Munzinger, de Strasbourg; l'inspecteur de la Police Zahn, de Strasbourg ; Mezer de Mulhouse, et Stoll, de Haguenau ; on a encore engagé deux médecins et un expert en écriture.

Le tribunal se compose du président et des quatorze conseillers. Le président du Sénat, Dreukmann, dirige les débats; c'est lui du reste qui a dirigé tous les procès de haute trahison qui ont été traités devant le Tribunal de l'Empire; c'est un homme dont on s'accorde généralement à reconnaître les hautes qualités comme homme du monde et comme juge.

L'accusation est représentée par l'avocat général Tessendorff et son subordonné Treplin.

Ce procès a excité naturellement l'intérêt du monde entier, et l'on attendait avec une vive impatience le résultat des débats.

Cette curiosité explique l'affluence des représentants de la presse, qui sont accourus en foule à Leipzig pour assister aux séances du Tribunal. Les principaux journaux de

Paris, de Londres, de Vienne, de New-York même, et d'ailleurs encore, ont envoyé leurs représentants. Le gouvernement allemand lui-même avait chargé deux sténographes de reproduire les débats.

Depuis environ un mois, les accusés ont été transportés à Leipzig, et, bien qu'on les ait entourés de mesures de sûreté toutes spéciales, ils n'ont pas moins joui de tous les soulagements que comporte leur situation.

Quelques jours avant les débats, les familles de plusieurs des accusés sont arrivées, et sont descendues dans les premiers hôtels de la ville, comme l'hôtel Hauf, etc., c'est qu'elles comptent au nombre des familles les plus riches de l'empire, comme les Kœchlin et les Blech, par exemple.

La presse a longtemps discuté la question de savoir si les séances seront publiques ; mais comme il ne peut y avoir aucun danger pour l'empire dans la publicité des débats, et que la cour suprême, comme dans les tribunaux allemands du reste, est indépendante du domaine politique, il a été décidé que le procès aurait lieu en pleine publicité. Cette décision sera certainement agréable au gouvernement allemand, car alors toutes les fausses suppositions qui pourraient naître par suite d'une condamnation disparaîtront et seront réduites à néant. Le gouvernement allemand a dû éviter que, dans ce procès, il ait été question d'autre chose que du droit, auquel les prévenus sont accusés d'avoir porté atteinte.

L'auteur du rapport ci-joint s'est abstenu aussi de toute réflexion; sa nationalité allemande le lui défend; il s'est surtout proposé de donner aux Français, un rapport purement objectif des grands débats qui ont eu lieu, et il espère qu'ils lui sauront gré de son impartialité. En tout cas, il laisse au lecteur le soin de tirer les conclusions qui résultent de ces prémisses. Il s'estimera heureux si les personnes partageant les idées et les espérances des accusés arrivent à la conviction que la justice est, en Allemagne, au-dessus de l'intérêt, et que le juge allemand ne connaît que le droit et ne se laisse déterminer que par ce droit.

S. WERNER.

LE PROCÈS DE LEIPZIG

PREMIER JOUR DES DÉBATS

(Lundi, le 13 juin 1887)

L'audience a été ouverte par le Président, à neuf heures du matin.

Les tribunes destinées à l'auditoire sont occupées serrément par un public distingué. Les parents des inculpés *Kœchlin*, *Blech* et *Freund* se trouvent également parmi les auditeurs.

Les inculpés, pour la plupart en bonne toilette de société et parmi lesquels *Kœchlin* se distingue surtout par sa beauté mâle, sont introduits dans la salle par un huissier, et prennent place sur les deux bancs des accusés dans l'ordre nommé ci-dessus. Ils sont vivement salués de la part de leurs défenseurs.

Le Président s'assure tout d'abord, par l'appel de leurs noms, de la présence de tous les inculpés, ainsi que des témoins cités. Tous les témoins ont comparu, à l'exception de l'employé privé *Meyer*, de Mulhouse. Une longue lettre adressée au tribunal est lue, par laquelle il fait part que, par suite d'une détention d'enquête durant huit semaines, qu'il a eu à subir dans la cause dont il s'agit, sa santé, altérée profondément sans cela, a tellement souffert que, sur le conseil d'un médecin, il lui a fallu prendre un séjour prolongé dans une contrée méridionale. Mais, n'ayant pas eu les moyens pour entreprendre un pareil voyage, il a accepté une place qui s'y offrait à lui, place de confiance d'ailleurs, qu'il ne peut quitter, par conséquent, pour longtemps sans conrir risque de la perdre. En outre, ajoute-t-il, il est trop infirme pour faire un si long voyage, ce qui est prouvé par deux attestations de médecins, et quand même ce ne serait pas le cas, il manque d'argent pour ce voyage. Il prie donc le tribunal de le dispenser de comparaître.

Le procureur général de l'empire déclare vouloir faire abstraction provisoire d'une motion relative ; le témoin comparaîtra peut-être encore.

Le défenseur de l'inculpé *Reybel*, M. l'avocat *Ott*, communique au président qu'il a cité deux témoins à décharge ; ce sont la femme de l'inculpé et M. *Reingold* de Haguenau.

Le Président. — Je n'en suis pas informé ; je n'en sais rien.

Le Défenseur. — J'en ai averti à temps M. le procureur général, et d'après la pratique en usage au tribunal du cercle de Strasbourg, j'ai cru que cela suffirait également ici.

Le Procureur général. — Les témoins

m'ont été mandés en effet ; mais j'ai supposé que M. le défenseur, comme cela s'entend de soi-même, en avertirait aussi M. le Président.

Les témoins sont présents, et après les avoir appelés, le président les invite, ainsi que les autres témoins, à se retirer dans la chambre des témoins, où ils avaient à attendre et ne devaient pas quitter le Palais-de-Justice sans sa permission expresse.

Les experts restent dans la salle, de même que le secrétaire du tribunal du cercle de Metz, M. *Stahl*, qui fonctionne comme interprète.

La discussion judiciaire s'ouvrant alors, *l'arrêté d'accusation* est lu tout d'abord par le greffier en langue allemande, ensuite par l'interprète en langue française.

La teneur en est :

« Les inculpés sont incriminés d'avoir, dans l'intérieur du pays, en un temps non encore prescrit judiciairement, par une et la même action :

a) Pris part comme membre à une union (dite la Ligue des Patriotes) dont l'existence, l'organisation ou le but doivent être tenus cachés au gouvernement de l'empire ;

b) Préparé, par cette participation comme membre et par le payement ou collection de contributions la tentative d'incorporer par des moyens violents une partie du territoire fédéral (l'Alsace et la Lorraine) dans un Etat étranger (la France). »

Le Président. — Je donnerai avant tout la parole à tous les inculpés pour se déclarer à l'égard de l'arrêté d'accusation. Racontez-nous avec cohérence qu'elle est votre position vis-à-vis l'accusation. Quant aux détails de ce qui est imputé à chacun de vous, ils suivront après.

Vous le premier, *monsieur Kœchlin !*

L'inculpé M. *Kœchlin* (qui s'exprime, ainsi que les autres inculpés, en langue allemande, bien qu'il ait besoin d'être assisté plusieurs fois par l'interprète) : « Je suis innocent ! En Allemagne, et encore ailleurs, on a une idée entièrement fausse sur la Ligue des Patriotes. Ce n'est point une Union secrète, comme la demande judiciaire la représente. Elle est répandue par toute la France et nulle part on ne fait un secret de la Ligue. Aussi la tendance de la Ligue a-t-elle été exagérée et représentée tout différemment de ce qu'elle est véritablement. Elle n'est nullement une union secrète, comme l'article 1er de l'accusation la déclare. Quant au second article, que la Ligue des Patriotes ait pour but d'arracher l'Alsace-Lorraine de vive force à l'Allemagne, il se peut bien qu'il y ait certains membres qui le désirent, par exemple *Paul Déroulède*, mais non tous les membres. Le but de la Ligue que lui, Kœchlin, connaît, but prononcé, est plutôt de tenir éveillé et de raviver le patriotisme en France, d'avancer les sentiments patriotiques dans la jeunesse française, de l'inspirer pour le patriotisme, et enfin de fortifier la jeunesse française en morale et en corps par la gymnastique et le tir, de l'élever pour en faire des Français patriotiques. De toutes les nombreuses unions formées dans ce but est composé l'ensemble de la Ligue des Patriotes, laquelle n'est, par conséquent, qu'une union de tous les patriotes français. »

M. Kœchlin est sujet français et officier de l'armée territoriale. Il est devenu Français par suite de l'option de son père, M. le fabricant Kœchlin, domicilié autrefois à Mulhouse; prit en 1871 sa résidence à Paris; revint en 1884 à Mulhouse, où il prit part à l'établissement d'une Société commanditaire. Il est né en 1852, et a maintenant 35 ans,

Le Président. — A vous, monsieur *Blech*, veuillez vous déclarer.

L'inculpé M. Blech. — Me sera-t-il permis de discuter tout ce que renferme la demande judiciaire ?

Le Président. — Certainement. C'est à cet effet que je vous donne la parole. Parlez aussi longtemps que vous voudrez. Pour les détails, je vous entendrai plus tard.

M. Blech est né à Markirch, en 1826, et compte par conséquent 61 ans. Il est sujet allemand.

M. Blech. — Je suis innocent ! Je n'ai pas eu beaucoup de connaissance de la Ligue ; on m'a dit seulement qu'elle cultivait le patriotisme et qu'elle devait tenir éveillée la propagande. Je l'ai cru une union, comme il en existe plusieurs dans les lieux limitrophes de la Suisse. Je suis très souvent à Paris pour affaires et j'y ai aussi de bons amis. J'ai payé une petite contribution, sans me regarder pour cela membre de la Ligue. Lors de la perquisition domiciliaire, le procureur m'a demandé si j'étais membre de la Ligue ; je lui ai dit que non. Puis on a trouvé la carte délivrée par la Ligue, et j'ai expliqué au procureur l'enchaînement de l'affaire. Je possède de grands établissements où j'emploie 1.500 ouvriers, et je fais par an pour bien des millions d'affaires; un incident si peu important, comme le payement de cette contribution et le reçu de la carte, a donc bien pu échapper à ma mémoire. J'ai l'habitude, si quelqu'un m'aborde, de donner une contribution pour des buts différents, de le faire sans y réfléchir longtemps ni l'imprimer dans ma mémoire; c'est pourquoi je ne me suis plus rappelé non plus d'avoir eu cette carte que le procureur a trouvée. Mais je répète que je ne me regarde point comme membre de la Ligue. J'ai reçu la carte dans mon hôtel à Paris où on me l'a envoyée par le courrier à Markirch, mon domicile. Il se peut que j'aie payé des contributions deux ou même trois fois. Une erreur principale de l'accusation est qu'il y est prétendu que j'ai eu pendant longtemps des rapports intimes avec des personnages politiques de la France, mais surtout avec *Gambetta* et Déroulède. Pour Gambetta, j'ai eu, en vérité, une grande admiration et beaucoup de confiance en son caractère ; je l'ai connu de personne et lui ai souvent rendu visite à Paris ; mais ce n'était que pour dîner chez lui. Il s'y trouvait pour la plupart beaucoup de messieurs, au moins douze chaque fois, mais on n'a pas parlé politique. Quant à Déroulède, je l'ai aussi connu de personne, ayant fait sa connaissance chez une dame fort estimable où nous étions invités à un dîner spendide. Mais je ne le connais pas de plus près, je ne connais pas même son écriture, ni lui la mienne, et nous ne sommes jamais allés nous voir.

C'est un homme de haute taille; quiconque l'a vu une fois le reconnaît aussitôt. Je lui ai parlé, à la vérité, quand je l'ai rencontré.

La demande judiciaire attribue une grande importance au fait que j'ai assisté aux funérailles de Gambetta et que j'ai voulu prononcer, à cette occasion, un discours dont j'ai été empêché par le gouvernement français. Pour moi, je ne puis pas y attribuer une importance particulière. Dans les dernières élections, mon intérêt était engagé, mais je souffrais alors de rhumatismes, et ne pouvais donc être que *peu* actif dans les élections. On me fait, en outre, un reproche d'avoir dit dans une lettre que je croyais indigne, qu'une Alsacienne épouse un Allemand. Chacun a *sa* manière de penser; ce jeune homme pauvre, dont il est question dans cette lettre, s'était épris de ma fille et il m'en a demandé la main, mais je suis fâché d'avoir eu à le renvoyer. C'étaient mes sentiments alors, mais j'ai aussi des égards pour les scrupules d'autrui; et pour ne pas offenser ce jeune homme, je lui ai écrit la lettre. En Alsace nous avons des autonomistes et d'autres qui protestent ; chacun agit d'après sa conviction. En ma qualité de membre du Conseil du Cercle, on dit que j'ai prêté serment de fidélité à l'empereur d'Allemagne; oui, mais je ne me souviens pas d'avoir violé ce serment. J'ai fait tout mon devoir dans le Conseil du Cercle, et je n'ai jamais manqué à une séance. La Ligue des Patriotes est entièrement publique et n'est point une Union secrète, comme le prétend, par erreur, la demande judiciaire. Je n'en ai vu les statuts que chez le procureur. Il en existe deux éditions. Dans la première il est parlé de revision et de restitution, mais non dans la seconde. La seconde édition a été votée publiquement au mois de juillet 1885; c'est celle qui porte en tête le nom de Paul Déroulède comme président. D'abord c'était Laforge, le successeur de Martin.

Le Président. — *Monsieur Schiffmacher*, c'est à vous de vous prononcer maintenant.

M. Blech. — M'est-il permis de prendre encore une fois la parole ?

Le Président. — Naturellement, parlez tant que vous voudrez.

M. Blech. — Je répète que la Ligue n'est pas une Union secrète; c'est une Société entièrement publique; je n'ai appris à connaître ses statuts que chez le procureur.

Le Président. — Etes-vous Allemand ?

M. Blech. — Oui ! J'avais bien opté, mais on m'a écrit que mon option n'était pas valable. Je veux encore ajouter que la Ligne n'est destinée que pour la France. Puis, le procureur m'a demandé si je savais que la Ligue tendait à la réunion de l'Alsace-Lorraine avec la France. Je lui ai répondu que non.

M. Schiffmacher (né à Mulhouse en

1857, donc âgé de 30 ans, sujet allemand et soldat de la *landwehr*. — Je suis innocent! Je me suis occupé de l'envoi de contributions à la Ligue, mais je n'en ai reçu les statuts que plus tard, sans les lire cependant. Je n'ai pu voir rien d'illicite dans mes actions. Je n'ai jamais entrepris quoi que ce soit contre l'Allemagne. Je ne conçois pas non plus des sentiments ennemis contre l'Allemagne, mais je suis Français, je suis né et élevé comme tel, et ces souvenirs et ces sentiments, on ne peut les arracher du cœur.

L'inculpé M. Jordan (né à Isenheim en Alsace, en 1857, âgé de 30 ans, domicilié à Masminster, sujet suisse). — Je suis Suisse, et nous autres Suisses, nous secondons toutes sortes d'efforts. Je ne puis me regarder comme membre de la Ligue des Patriotes. Un jour un jeune homme de Paris est venu dîner chez moi. Il m'a demandé si j'étais déjà membre de la Société de Gymnastique;

je n'avais pas encore entendu parler de la Ligue des Patriotes. La conversation terminée, j'ai payé quatre francs pour devenir membre d'une Société de Gymnastique. Trois semaines après j'ai reçu la carte, et depuis ce temps, je n'ai plus entendu parler de l'affaire.

L'inculpé, M. Trapp (employé dans la fabrique de Lalance, né à Pfastadt en 1858 et y domicilié, sujet allemand). — Schiffmacher m'a présenté un jour une liste. Pour me dégager de ses vexations, je lui ai dit que je voulais faire venir moi-même une liste, mais il n'a pas voulu entendre parler de cela. Il m'a donné la sienne et n'est plus revenu. J'ai fait des quêtes, après avoir demandé si cela devait se faire en secret. Je n'ai rien fait publier à haute voix ; si j'avais su que ce que je faisais était illicite, je ne l'aurais pas fait. Je n'ai jamais fait un secret de mes sentiments français ; je suis né Français et élevé d'une manière française.

L'inculpé M. Reybel (né à Strasbourg en 1850, âgé de 37 ans, sujet allemand et réserviste-remplaçant). — J'ai payé 5 francs et j'ai reçu la carte. On m'a dit qu'en la montrant dans mes voyages en France pour affaires, j'en tirerais partout avantage. Si j'avais connu le but de la Ligue, je ne m'y serais pas affilié. J'ai des sentiments français, je suis né et élevé Français, mais je n'ai jamais rien entrepris contre le gouvernement de l'empire d'Allemagne.

L'inculpé M. Freund (né en 1839, âgé de 48 ans, expéditeur et sujet allemand). — Je ne suis pas membre de la Ligue. (Il parle un dialecte alsacien peu intelligible.) J'ai vu la médaille de la Ligue des Patriotes dans un journal français illustré. On m'en avait montré un numéro, et j'ai dit alors que je donnerais 5 francs pour une si jolie pièce. On m'a dit encore que ces médailles se vendaient, et que le montant de la vente était destiné à un monument pour les soldats morts en 1870-71. Un mien camarade, *Brun*, m'a dit cela. Il était d'avis qu'il n'était pas difficile d'en recevoir une, que j'étais sûr de la recevoir. Ensuite j'ai écrit à Paris et l'on m'a envoyé deux médailles; elles n'étaient pas grandes. J'ai donné l'une à un de mes amis. Ce qu'est devenue l'autre, je l'ignore. Peut-être se trouve-t-elle encore dans ma demeure. De la part de mon fils qui vit à Paris, j'ai reçu une brochure avec une lettre; j'ai mis cette dernière dans un porte-cahier sans l'avoir lue, et elle y a été trouvée. On dit que je suis ennemi des Allemands, parce qu'on a trouvé chez moi deux petits étendards, mais ces derniers n'étaient pas plus grands que deux doigts. Je les avais envoyés un jour de Paris à mes enfants pour jouets. Je n'ai rien demandé de la Ligue, excepté les médailles, et je les ai achetées comme un objet d'art; je fais, en général, une collection de médailles.

M. George-Adolphe Humbert (le dernier des inculpés, rentier, né à Metz, en 1815, âgé de 72 ans). — Je ne suis pas Allemand, et je n'ai pas opté pour l'Allemagne. Le discours de ce monsieur doit avoir lieu par le moyen de l'interprète, par lequel il déclare : « J'ai été à Paris en 1883 et j'ai payé 20 francs comme membre de la Ligue. Je n'en ai pas connu le but. J'y ai reçu un diplôme et deux médailles. En 1885 j'ai appréhendé des désagréments ; j'ai envoyé mon neveu à Paris, pour me faire rayer de la liste, mais j'ai payé encore 20 francs. Je n'ai jamais eu de relations avec la Ligue. Dans la perquisition domiciliaire, on n'a rien trouvé de suspect. Le reçu pour ces contributions a été remis au procureur par moi-même. »

Avec cette déclaration, l'examen provisoire des inculpés est terminé ; l'interrogatoire proprement dit sur la foi des incriminations spéciales, que porte la demande judiciaire, suivra plus tard, comme il a déjà été dit.

Après une courte exposition de la part d'un des défenseurs, se rapportant aux dépositions que le témoin, la femme Reybel, doit faire, le président passe à la lecture des actes particuliers.

L'interprète lit d'abord une lettre française traitant d'une fête des Sociétés réunies de gymnastique et de tir, ayant eu lieu le 18 mars 1882, à Paris, et dans laquelle on leur remit un drapeau. A cette occasion, plusieurs discours patriotiques ont été prononcés. Ensuite se fit la débaptisation de la Société réunie qui prit alors le nom de « Ligue des Patriotes ».

Par rapport à cet acte, Déroulède déclara dans son discours, entre autres choses, ce qui suit :

« Le point essentiel, c'est que tous les Français dans notre France se réveillent, se réunissent et vivent dans une complète intelligence. C'est ainsi qu'a écrit un patriote du XVIe siècle qui était également rempli du désir de secouer le joug de l'étranger. Prenons ce dernier pour notre guide, messieurs, et vous, dont les nombreuses Sociétés sont déjà si bien unies entre elles, vous formez le premier lien de cette nouvelle ligue française, de cette ligue des patriotes — je ne saurais donner un meilleur nom à notre cause...

Des personnes remplies de cette bonne volonté sont là, mais isolées, séparées; l'un est inconnu à l'autre. Ces milliers de petits ruisseaux ne cherchent qu'une pente pour former un fleuve. Indiquons-leur cette pente, attirons-les et dirigeons-les, et quand les eaux du fleuve seront assez hautes et assez fortes, elles porteront d'elles-mêmes le navire de la patrie au delà des frontières des Vosges. Réunissons-nous, rassemblons-nous, aimons-nous et aidons-nous mutuellement. Soyons Français, bons Français et rien que Français. Quant à la fraternité des peuples, nous en parlerons le jour même quand Caïn nous aura rendu ce qu'il nous a pris. »

A la fin, il pria le président de la Société de gymnastique de l'Alsace-Lorraine à Paris de le compter parmi ses membres, en ajoutant :

« Il ne me refusera point cet honneur, j'en suis convaincu, car quand même son pays n'est pas mon lieu ou mon pays natal, il sait cependant, et vous savez avec lui, n'est-ce pas vrai ? que c'est le pays de mon adoption, de mon deuil et de mon espérance éternelle. »

Après qu'un autre orateur eut encore mis en évidence :

« La Ligue a pour destination de réunir entre elles, par un lien exclusivement patriotique, toutes les Sociétés de gymnastique, de tir, de télégraphe, de choral et de musique, sans cependant apporter un changement quelconque à leurs organisations et administrations internes. »

La fondation de la Ligue fut résolue sur la motion de Déroulède, et Henri Martin, membre du Sénat, fut élu président.

Dans le comité provisoire entrèrent entre autres, comme membres, les nommés Déroulède, Sansbœuf et Paul Leser.

Ensuite on fit la lecture de l'appel publié par la Ligue nouvellement fondée, dans lequel sont indiqués les buts de la Ligue, l'éducation militaire et patriotique de la jeunesse française. Le montant des sommes reçues doit être employé à l'achat de chansons, d'images d'une tendance patriotique, d'armes à feu et d'ustensiles de gymnastique, à l'assistance des Sociétés de tir et de gymnastique, à l'arrangement de fêtes patriotiques. En même temps on publia les statuts de la Ligue.

Sous les yeux du tribunal sont deux

éditions, différant l'une de l'autre, des statuts de la même journée, le 25 mars 1883. Dans l'une de ces éditions, regardée du *Reichsgericht* comme la première et la seule d'autorité, il est dit, après que l'article 1er a porté que la Ligue est formée exclusivement de Français et de Françaises, dans l'article 2 :

« La Ligue a pour but l'abolition du traité de Francfort et la restitution de l'Alsace-Lorraine à la France; elle a pour tâche la propagande et le développement de l'éducation patriotique et militaire, qui doit être par des livres, par le chant, le tir et la gymnastique.

« Elle a pour ressources les dons et les contributions de ses membres. »

L'article 3 indique sur l'emploi des fonds :

1° De divulguer les idées de la Ligue;

2° De seconder la fondation, le développement ou l'existence des Sociétés de gymnastique, de tir, de nage et de topographie, de même que toutes les

Sociétés qui ont pour but l'éducation militaire et qui s'associent à la Ligue;

3° De seconder la fondation, le développement et l'existence de choral, de lecture, de discours, de littérature, de savants et d'artistes, en tant que ces Sociétés ont elles-mêmes le but de l'éducation patriotique et qu'elles s'associent également à la Ligue;

4° De seconder la fondation, le développement et l'existence des Sociétés de sauvetage et des Sociétés pour l'assistance des blessés dans la guerre, des vieux guerriers, des amateurs de musique, ainsi que d'assister les Sociétés de secours mutuels;

5° De réunir ces diverses Sociétés entre elles, sans en déranger l'organisation intérieure;

6° D'acheter, de publier et de distribuer des livres, des œuvres, des chansons et des images patriotiques;

7° D'arranger des conférences, de

même que de tenir des discours et des lectures publics.

8° Pour des distributions de prix, des médailles et des récompenses. L'article 4 fixe la contribution annuelle à *un* franc pour le moins.

D'après l'article 5, seront enregistrés dans les listes comme :

1° *Membres directeurs*

Ceux qui payent en une fois 200 francs, ou une contribution de 20 francs par an.

2° *Fondateurs*

Ceux qui, en donateurs ou en chefs de la liste, payent en une fois au moins 100 francs, ou une contribution de 20 francs par an. Les membres enregistrés comme Chefs de la liste payeront, en outre, une contribution de 10 francs par an.

3° *Membres associés*

Ceux qui, en Donateurs ou en Chefs

de la liste, payent en une fois au moins 50 francs, ou une contribution de 10 francs par an. Les Chefs de la liste payeront, en outre, une contribution de 5 francs par an.

4° *Membres adhérents*

Ceux qui payeront une contribution annuelle de 1 à 10 francs.

D'après l'article 6, les membres adhérents n'ont pas, en vérité, un droit de suffrage, mais ils possèdent le droit d'assister à l'assemblée générale et aux fêtes patriotiques auxquelles la Ligue prendra part.

D'après l'article 7, tous les membres ont le droit de réclamer une carte de Membre et la médaille de la Ligue.

D'après les articles 8 et 10, d'autres Sociétés peuvent s'affilier à la Ligue en qualité de membre directeur, fondateur et associe avec leurs droits respectifs, à la réserve de l'autonomie de leur organisation et de leur administration.

Après que les articles 11 à 25 ont déterminé l'organisation et l'administration, notamment par rapport au Comité directeur, aux Comités régionaux et à la formation d'un fonds de la Ligue, l'article 26 dit :

« En cas de dissolution par contrainte les sommes et les valeurs restant dans la caisse seront remise aux Sociétés de Gymnastique et de Tir qui se sont associées à la Ligue et qui seront désignées pour cela par l'assemblée annuelle. En cas d'une dissolution volontaire, qui pourra avoir lieu après l'achèvement de l'œuvre, les fonds de la Société seront distribués aux familles de ceux de ses membres qui ont péri sur le champ de bataille. »

D'après l'article 28; la Ligue est représentée au dehors par le président ou par l'un des vice-présidents, ou même par le délégué.

D'après l'article 30, les membres qui ne payent pas leur contribution annuelle peuvent être rayés de la liste des membres.

L'article final 32 dit :

« La Ligue des Patriotes ne s'occupe point de politique intérieure ni de religion. Tous ses membres s'engagent à poursuivre, par tous les moyens qui sont dans leur pouvoir la restauration de la patrie, et à propager et défendre les idées de la Ligue. »

L'autre édition des statuts de la Ligue, qui est imprimée dans le numéro 13 du *Drapeau* du 31 mars 1883 et qui a été saisie en plusieurs exemplaires chez quelques-uns des inculpés, diffère de la première en ce que l'article 2 ne contient pas le passage relatif au traité de Francfort et à la restitution de l'Alsace-Lorraine, et que dans les articles 4 et 5 la contribution annuelle est fixée à 25 centimes au lieu de 1 franc.

Dans le *Drapeau*, qui dès lors a fonctionné comme l'organe officiel de la Ligue des Patriotes, ces statuts se trouvent imprimés. Il s'y trouve de même l'appel mentionné ci-dessus, qui fut suivi plus tard d'un second appel d'à peu près la même teneur. Cependant, le premier appel ne contient point le passage sur la séparation violente de l'Alsace-Lorraine, aussi peu que le premier statut.

Le président lit en outre des extraits d'autres articles du *Drapeau*. Dans ces derniers, les Alsaciens et les Lorrains sont régulièrement appelés : « Nos frères séparés. »

D'après un rapport contenu dans le n° 19 du *Drapeau* du 9 mai 1885, ce changement des statuts n'a été résolu, en vérité, que dans l'assemblée générale du 30 avril 1885, mais cette résolution, à moins qu'on ne l'entende comme une ratification supplétoire des statuts publiés déjà auparavant dans cette forme, est en contradiction avec la date des statuts du 25 mars 1883, ainsi qu'avec le fait que l'organe de la

Ligue des Patriotes a reproduit l'article 2 dans cette forme, déjà dans des numéros antérieurs, par exemple dans le n° 5 du 31 janvier 1885. Selon toute apparence cette seconde édition a été destinée pour les membres de l'Alsace-Lorraine, pour pouvoir être produits d'eux au besoin comme moment de décharge.

Combien peu la Ligue suit, d'ailleurs, la teneur des mots, est prouvé par les articles 1er et 4 des statuts.

Car, tandis que, d'après ces articles, des Français seuls, qui prouvent leur qualité comme tels, peuvent être reçus comme membres de la Ligue; cette dernière n'hésite point de recevoir comme membres des sujets allemands, et d'envoyer des enrôleurs dans les pays de l'empire, comme cela sera prouvé après. Il est vrai que la Ligue et ses organes n'adressent les habitants de l'Alsace-Lorraine qu'en « nos frères », « nos frères séparés » et « Français ».

Si tous ces faits permettent déjà la conclusion que le but final de la Ligue a été dès l'abord : de regagner l'Alsace-Lorraine à main armée et de rompre le traité de Francfort, ce but final apparaît tout lucidement dans l'article 26 des statuts commun aux deux éditions, ainsi qu'il est symbolisé dans la médaille de la Ligue. D'après cet article, leurs fonds, aussitôt que la Ligue aura accompli sa mission, seront employés pour le bien des membres qui seront tombés sur le champ de bataille.

La médaille, de bronze pour les membres associés et adhérents, d'argent pour le reste des membres, montre d'un côté, entre Metz et Strasbourg, le drapeau français dans un entourage lumineux avec la devise « Qui vive ? France ! » et sur le revers une Alsacienne, un soldat mourant entre ses bras, saisissant son fusil et le donnant à la France, auprès le millésime de 1870 et les mots : « Quand même. » Par rapport à cette médaille, le *Drapeau* de 1883 dit :

« Qui exprime le but de la Ligue mieux que bien des déclarations publiques. »

Avec cette médaille correspond la garniture martiale des couvertures des numéros séparés de l'organe de la Ligue.

Vers deux heures, le Président fit une pause de quelques minutes, pour continuer après la lecture des autres documents.

Comme il avait déjà été prononcé lors de la fondation de la Ligue et qu'il a été prouvé par les statuts, la Ligue prend à cœur l'assistance et la fondation d'autres Sociétés patriotiques, particulièrement de Sociétés de gymnastique et de tir, recevant dans les listes de ses membres ces Sociétés sous les mêmes conditions que de simples personnes. Dans ce règlement, le soin de ces Sociétés est enjoints aux Comités directeurs et aux Comités régionaux comme leur premier devoir.

D'après un rapport du secrétaire général de la Ligue, Sansbœuf, daté du 12 juillet 1884, il se trouvait le 31 mai de la même année parmi les 50.805 membres de la Ligue déjà 425 Sociétés affiliées.

D'après un rapport du secrétaire de la Ligue, Sermusciaux, daté du mois de mars 1886, le nombre entier des Sociétés de tir se montait, à la fin de 1885, à neuf cents, et celui des Sociétés de gymnastique à six cents. Dans l'article 2 des statuts de l'Union nationale des Sociétés de tir il est dit que l'Union a été fondée « sous le patronage de la Ligue des Patriotes ».

Quant à la Ligue elle-même, il est dit dans un compte rendu de son délégué d'alors, Déroulède, daté du mois d'avril 1885, que le nombre des membres montait à quatre-vingt-deux mille, et ce dernier s'exprime sur l'activité de la Ligue de la manière suivante :

« Depuis sa fondation, la Ligue a tenu plus de trois cents conférences dans plus de soixante villes de France. Elle a fondé dans les départements cinquante-deux Comités directeurs, et distribué plus de deux millions huit cent mille francs en forme de dons, de secours et de récompenses à des Sociétés de gymnastique et de tir, dont le nombre s'est quadruplé depuis ce temps, et dont les membres ont augmenté en proportion de 1 à 10.

Elle a fait imprimer, graver, frapper et distribuer plus de trois cent mille brochures patriotiques, plus de cent mille extraits de la collection des cartes de géographie de Habenicht, plus de dix mille gravures et cent cinquante mille médailles représentant l'Alsace-Lorraine. Dans le même sens comme le *Drapeau* opérait aussi le journal *l'Alsacien-Lorrain* qui se désigne comme « l'organe de la restitution ».

Plusieurs articles sont lus. Dans l'un il est dit :

« Et maintenant à l'œuvre ! Ouvriers, combattons, parlons sans relâche à l'Alsace de ses frères qui luttent pour elle, et à la France, de ses fils qu'elle a perdus. Soyons les ennemis implacables de cette race allemande qui nous a guettés plus de la moitié d'un siècle, et qui nous a étranglés pendant notre sommeil.

« Aimer la patrie ! haïr l'étranger, voilà la devise de l'Alsacien-Lorrain, et cette devise, nous l'écrirons avec la plume, jusqu'au moment où nous aurons la joie suprême de la tracer avec la pointe de l'épée au-dessus des portes de nos anciennes villes regagnées. »

L'Alsacien-Lorrain allait d'accord avec le *Drapeau* dans les publications se rapportant à la Ligue, à l'exception qu'il se prononçait avec plus de franchise, dès le commencement, sur les fins de la Ligue. Ainsi il est dit dans le n° 43 du 28 mai 1882, après l'avis sur les événements lors de la fondation de la Ligue :

« Avec la Ligue des Patriotes, nous saluons, au nom de l'Alsace-Lorraine et au nom des annexés et bannis, le grand réveil de la France.

« Aujourd'hui nous sommes mille, demain nous serons cent mille, et un jour, nous confondant sous le même drapeau qui puisse nous mener au combat, nous, un peuple entier, nous nous lèverons et serons prêts à soutenir le dernier combat. Et quand nous franchirons de nouveau les Vosges, vous y serez, n'est-ce pas, chers frères ? Qui vive ? c'est ce que vous crierez en entendant le son des trompettes des temps passés. Et joyeux, envoyant à l'écho de nos montagnes la devise de la Ligue des Patriotes, nous répondrons : La France » !

A la fin de toutes ces publications les lecteurs étaient invités à des souscriptions générales.

En s'offrant de recevoir des déclarations d'affiliation à la Ligue, cette feuille contient au n° 84 du 11 mars 1883, sous le titre : « Revision », un article, dans le dernier passage duquel il est dit : « Notre choix est fait, le jour est près où, les armes à la main, nous demanderons l'abolition du traité de Francfort. »

Jointe à cet article, il y a la sommation à toutes les Sociétés alsaciennes-lorraines de s'affilier à la Ligue des Patriotes, afin d'y trouver un fort soutien et un centre commun. La feuille offre à cet effet son intercession, en ajoutant que Paul Déroulède, en délégué de la Ligue et en ami de la feuille, comptait le rédacteur en chef parmi ses amis.

Sur l'importance des Sociétés de gymnastique et de tir, les publications suivantes se prononcent au large.

Dans une fête de la Société de gymnastique d'Amiens, au mois de juin 1884, on a porté un toast :

« En l'honneur des gymnastiques qui préparent, ensemble avec l'armée, la revanche de demain. »

Déroulède avait prononcé, dans une fête de la fondation d'une Société de gymnastique, un discours dont une feuille écrit :

« Il a nommé le vrai but des Sociétés de gymnastique, de toutes ces Sociétés patriotiques qui se développent de plus en plus dans toutes les parties de notre pays, comme si chacune d'elles allait déjà occuper sa place dans le combat qui, tôt ou tard, sera nécessaire à la reconquête de nos provinces perdues. C'est l'Alsace-Lorraine pour laquelle nous travaillons tous, les uns comme les autres; c'est pour la restitution de nos droits que nous préparons cette foule de jeunes gens qui demain formeront l'armée. »

A l'inauguration d'un monument de guerriers, un membre éminent de la

Ligue dit entre autres choses dans son discours :

« Mais nous, membres de la Ligue, nous devions affirmer par notre présence notre foi de Français et saluer ceux qui sont tombés en victimes du devoir. Nous les vengerons un jour. Pour les venger, nous avons fondé partout des Sociétés de tir et de gymnastique. Pour les venger, nous donnons à la jeunesse une éducation militaire, afin que nos fils, en entrant dans le régiment, soient déjà exercés dans le métier de la guerre. Pour les venger, nos écrivains, nos orateurs de la Ligue éclairent les jeunes générations, leur parlent de la difficulté, du deuil et du courroux de la patrie et inspirent leurs âmes pour le combat futur et inévitable. »

En 1884, à Cahors, Déroulède avait prononcé un panégyrique sur Gambetta, et il le conclut, en faisant allusion à l'Alsace-Lorraine, par ces mots :

« Quant à la majesté du droit : Gambetta a bien su que le droit sans puissance n'est qu'une majesté sans pouvoir, et que ce qui a été perdu par les armes n'a jamais été reconquis que par les armes. »

Il s'était plus étendu sur les fins de la Ligue dans un discours qu'il a prononcé dans la fête nationale de tir à Paris, au mois d'août 1885. Il y a dit :

« La Ligue des Patriotes n'est, en effet, autre chose qu'une union de toutes les forces morales du pays, une espèce de mobilisation des cœurs. Elle est avant tout une véritable Société d'assurance mutuelle contre l'invasion. Nous avons bien dans le premier article de nos statuts, et l'assemblée générale a ratifié unanimement que la Ligue a pour but la revision du traité de Francfort et la restitution de l'Alsace-Lorraine à la France, mais qui dit « revision » ne dit pas nécessairement « rompre », qui dit reconstitution ne dit pas toujours « reconquête ». Le moment serait mal choisi pour de longues amplifications sur toutes ces choses, non; je répète que je me soucie beaucoup si les murailles en France ont des oreilles, et quelles oreilles elles ont, non, je n'oublie pas que notre fête est un peu internationale... et il me semblerait peu convenable et hors de propos d'importuner nos hôtes étrangers de nos plaintes françaises.

Comme il est expressément constaté, de la part du procureur général de l'empire, le gouvernement de France était remplacé officiellement dans cette fête, et le général Gervais en remplacement du ministre de la guerre, a écouté ce discours.

Une autre phillipique respirant l'implacabilité contre l'Allemagne est contenue dans la brochure connue « *Avant la bataille* », dont quelques passages sont lus ensuite. N'y entrons pas davantage, mais nous ferons mention d'un propos de la part de Déroulède qu'il a fait dans une assemblée.

« J'ignore, Messieurs, si ma nation m'appellera jamais à la servir dans une autre position que celle que j'occupe chez vous, si elle m'assignera un autre poste qu'à l'avant-garde de l'armée des Vosges ; mais je sais que ce poste et cette position suffisent à mon ambition. »

Encore l'*Alsacien-Lorrain* contient une riche collection de semblables propos. Dans le numéro du 15 novembre 1885 il dit :

« Le jour où les Allemands pourraient dormir tranquillement, nous serions condamnés à la perte irréparable ; nous eussions mérité l'anéantissement, la honte, s'il arrivait jamais qu'on pût écrire sur les poteaux des Vosges : frontière définitive franco-allemande.

Nous avons des sabres aux côtés, tâchons de nous en servir bientôt. »

Dans d'autres numéros, il est dit :

« L'honneur national exige que nous

nous préparions à la guerre, à la « revanche », si ce mot ne nous paraît pas trop chauviniste. C'est aussi notre intérêt qui l'exige. »

« Et nous, nous reprendrons inévitablement la frontière du Rhin. L'Allemagne est sortie de ce côté de ses limites naturelles et doit être repousée sur son territoire. Espérons que cet acte de nécessité et de justice géographique s'accomplisse (et il ne s'accomplira que par la force des armes). Les peuples resteront tranquillement chez eux, las de pareilles aventures qui préparent une matinée si formidable. »

Avec cela la lecture des actes séparés est terminée, par lesquels le procureur général de l'empire veut prouver dans l'essentiel que la Ligue des Patriotes poursuit les fins qui forment la base de l'incrimination. La première séance a été terminée ensuite.

DEUXIÈME JOUR

(*Mardi 14 juin*)

Dans la séance de ce jour, les tribunes sont moins occupées qu'hier, le prejour des débats. Au parterre se trouvent les nombreux parents des inculpés, auxquels il est permis, comme hier, de saluer cordialement, à leur entrée dans la salle, leurs parents et leurs amis.

A neuf heures la séance s'ouvre, et cela par l'interrogatoire de l'inculpé M. Kœchlin qui est prié de s'approcher tout près de la table des juges ; mais comme il est entièrement inintelligible pour les défenseurs, il doit se retirer un peu.

L'inculpé donne tout d'abord des renseignements sur ses relations personnelles avec l'armée française ; il est officier de l'armée territoriale, mais il a quitté le service actif.

Le Président. — Vous avez été membre de la Ligue des Patriotes ?

M. Kœchlin. — Oui.

Le Président. — Quand y avez-vous pris part ?

M. Kœchlin. — Je ne le sais pas exactement; il se peut que cela a été en 1883 ou 1884.

Le Président. — Comment s'est-il fait que vous en êtes devenu membre ?

M. Kœchlin. — J'ai été souscripteur du *Drapeau* (l'organe de la Ligue des Patriotes) depuis sa première publication et je possède les années de 1883 à 1886. J'ai toujours reçu la feuille par le Courrier, et cela dans des plis non fermés. Je n'ai pas su, que cette feuille est défendue par le gouvernement allemand. C'est surtout à cause des gravures que je me suis intéressé pour le *Drapeau* et en outre je m'y suis orienté sur l'état des Sociétés de gymnastique et de tir en France. Je l'ai lu dans la règle, mais non toujours, comme cela arrive avec la lecture des journaux. En 1883 ou 1884, je suis allé au bureau de la Ligue pour réclamer des numéros de manque, ou peut-être même pour payer le prix de souscription. Je l'ai fait, je suis devenu membre, et je le suis resté aussi, quand j'ai pris mon domicile en Alsace, en 1884. A Paris, j'ai vécu depuis 1871.

Les cartes de membre des années 1884, 1885 et 1886 sont déposées, de même que la médaille de bronze qui lui a été remise à son entrée dans la Ligue.

L'inculpé reconnaît ces objets comme appartenant à lui.

Le Président. — Quelles contributions avez-vous payé.

M. Kœchlin. — En 1883 et 1884 j'ai payé dix francs, mais en 1885 et 1886 seulement cinq francs.

Le Président. — Quand vous avez payé dix francs, vous avez reçu le titre de *membre associé*, et quand vous avez payé cinq francs, vous êtes devenu *membre adhérent*; est-ce juste ?

M. Kœchlin. — Oui.

Le Président. — On a trouvé chez vous la médaille de la Ligue et un exemplaire de l'*Alsacien-Lorrain.*

M.Kœchlin. — J'ai acheté l'*Alsacien-Lorrain*, parce qu'il s'y trouve les noms des députés du *Reichstag* pour l'Alsace-Lorraine.

Le Président. — Vous avez reçu les statuts, et vous les connaissez.

M. Kœchlin. — J'ai reçu des statuts sans aucun doute, mais je n'en suis pas sûr, en tout cas ceux de la première édition.

L'inculpé dépose dans le cours de l'interrogatoire ce qui suit :

« La Ligue, comme j'ai dit déjà hier, a pour but d'avancer l'état de la gymnastique et du tir, de fortifier la jeunesse, afin qu'elle soit capable de porter les armes contre quel adversaire que ce soit. A mon arrestation le juge m'a demandé si je connaissais les statuts de la Ligue des Patriotes. Je lui ai répondu que « oui », de même qu'à son autre question, si s'était complètement le cas. Ensuite il m'a demandé: « Vous savez donc que la reconquête de l'Alsace-Lorraine doit se faire avec tous les moyens possibles, même par la force? » et si j'avais connaissance du changement des statuts. J'ai été entièrement en doute, de quels statuts il parlait. Il se tenait si près de moi et j'ai dû croire qu'il connaissait la teneur des statuts, et sous son influence j'ai peut-être dit maintes choses dont l'incrimination s'est servie à mon détriment. A mes yeux le but de la Ligue n'est pas celui que lui impute l'incrimination. »

Le Président. — Dans le premier statut il est parlé du « Relèvement de la patrie », qu'est-ce que cela a voulu dire?

M. Kœchlin. — Cela ne se rapportait pas à l'Alsace-Lorraine, cela signifiait en première ligne, le relèvement moral.

Le Président. — Dans un autre article, sur l'emploi des fonds de la Ligue en cas de dissolution, il est dit, que cette ernièred ne doit pas avoir lieu, seulement l'achèvement « de l'œuvre » ; le surplus doit être employé ensuite pour les survivants de ceux qui ont péri dans la guerre.

M. Kœchlin. — Il ne s'agit ici qu'une guerre de défense.

Le Président. — Dans la deuxième édition, il est parlé de la revision du traité de Francfort et de la restitution de l'Alsace. Que s'est-on imaginé sous ces expressions? Vous savez du *Drapeau* que Déroulède a dit dans la la séance d'ouverture de la Ligue des

Patriotes : « Il s'agit de réunir des ruisseaux pour en former un fleuve qui portera de lui-même,le navire au de là des Vosges. »

M. Kœchlin. — C'est ce que j'ai appris à connaitre seulement hier par la lecture des actes, et au reste, Déroulède n'est point obligatoire pour tous les membres.

Le Président. — Déroulède est président, le *Drapeau* est le Moniteur, l'organe de la Ligue. Ce que le *Drapeau* signifie, montrera une lettre de Déroulède qui y est contenue : Quand à la Ligue elle-même, il est dit dans un compte rendu de son délégué d'alors, Déroulède, du mois d'avril 1885, que le nombre des membres était quatre-vingt-deux mille, et il se prononce sur l'activité ultérieure de la Ligue comme suit :

Depuis sa fondation la ligue a tenu plus de trois cents conférences dans plus de soixante villes de France. Elle a fondé dans les départements cinquante-deux Comités directeurs, et distribué plus de deux millions huit cent mille francs, en formes de dons, de secours et de récompenses à des Sociétés de gymnastique et de tir, dont le nombre s'est quadruplé depuis ce temps, et dont les membres ont augmenté en proportion de 1 à 10. Elle a fait imprimer, graver, frapper et distribuer plus de trois cent mille brochures, plus de cent mille extraits de la collection des cartes de géographie de Habenichl, plus de dix mille gravures et cent cinquante mille médailles, représentaut l'Alsace-Lorraine. La Ligue publie enfin, chaque semaine, le journal illustré *Le Drapeau* qui est la feuille officielle de sa cause, le registre de ses progrès et le représentant de ses idées.

Le Président. — Vous êtes entré dans la Ligue en France ; est-il vrai que cette dernière a pour fin de reconquérir l'Alsace-Lorraine les armes à la main, et qu'on désigne comme une chimère de vouloir arriver à cette fin d'une autre manière ?

M. Kœchlin. — J'ai bien vu que c'était la fin des membres qui écrivaient et parlaient le plus, mais non celle de la Ligue en elle-même.

Le Président. — Sur ce point vos dépositions sont en général invraisemblables. Vous écrivez aussi dans une lettre que vous n'êtes devenu membre de la Ligue que pour recevoir *le Drapeau* à un prix plus modéré. C'est ce que nous ne pouvons croire, comme vous conviendrez.

Ensuite il est dit dans la même lettre : Je désire l'avancement de la gymnastique et du tir, etc. Puis : Encore qu'elle a pour but le renouement de l'Alsace-Lorraine, y penser dans le futur, ne peut être blâmable dans un Français.

Dans un procès-verbal vous avez déclaré : Je connais parfaitement le but de la Ligue de recouvrer aussi l'Alsace-Lorraine. Je suis d'accord avec cela, mais il ne doit pas se faire à main armée. Dans un autre procès-verbal, d'une date plus récente, vous dites : Quoique j'ai su spécialement que la Ligue des Patriotes veut recouvrer l'Alsace-Lorraine à force d'armes, je suis cependant persuadé que je ne me suis pas rendu coupable en devenant seulement membre. La fin pourrait être aussi atteinte d'une autre manière. Je crois qu'à la mort de l'empereur, l'Allemagne se dissoudra de nouveau, ou l'Allemagne pourra aussi céder, dans une nécessité d'argent, l'Alsace-Lorraine à la France.

A ces mots, il s'élève dans le public une hilarité, que le président interdit cependant.

Le Président. — Vous prétendez régulièrement que vous n'avez fait cet important aveu, de n'avoir eu aucun doute sur la tendance de la force, que parce que le juge vous a dit que cela se trouvait dans les statuts.

M. Kœchlin. — Je n'ai pas dit que

« je n'ai eu aucun doute. » J'ai dit que des membres séparée n'ont pas voulu l'emploi de la force, mais non la Ligue.

Le Président. — Ce que des membres séparés ont voulu est tout indifférent. Vous avez été demander aussi, si c'était le but de la Ligue.

M. Kœchlin. — Certainement; si le juge a dit que cela se trouvait dans les statuts, c'était aussi le but de la Ligue.

Le Président. — Je répète qu'il n'est guère croyable qu'un monsieur de votre éducation ne convienne de cela que parce que le juge vous a dit que cela se trouvait dans les statuts.

M. Kœchlin. — Je n'ai pas su que la Ligue en elle-même voulait cela. J'ai seulement ajouté foi au juge, et j'ai supposé qu'un tel changement de statuts a pris place plus tard.

Le Président. — Avez-vous su que le fait d'être membre de la Ligue en Alsace-Lorraine devrait rester caché au gouvernement allemand ?

M. Kœchlin. — Non, je n'ai jamais célé que je suis membre de la Ligue. Je n'ai jamais cru la Ligue qu'une Société pour l'élévation du sentiment politique en France ; il n'y avait donc rien pour être célé.

Le Président — Avez-vous encore à alléguer quelque chose !

M. Kœchlin. — En venant en Alsace, j'ai eu le ferme dessein de ne pas violer l'hospitalité et de ne rien entreprendre contre le gouvernement allemand.

Le Procureur général de l'empire. — D'après la déclaration de l'inculpé, il ne doit pas avoir lu « l'appel » répété tant de fois dans *le Drapeau* ni regardé la quantité d'emblèmes guerriers qui sont toujours figurés dans ce journal.

Le Président. — N'avez-vous pas lu cet appel ? Il s'est trouvé dans chaque numéro.

M. Kœchlin. — Non, ce qui s'y trouve régulièrement ne se lit pas souvent.

Le Président. — Et vous n'avez pas remarqué les emblèmes guerriers ?

M. Kœchlin. — C'étaient des dessins militaires ; je ne les ai pas considérés.

Le Président. — Dites-donc la vérité pour l'appel.

M. Kœchlin. — C'est ce que j'ai fait.

Encore l'appel existait-il en deux éditions ; l'inculpé avoue avoir peut-être lu la première ; plus tard il n'y est pas revenu, et n'y a donc pas remarqué de changement.

Le Procureur général de l'empire. — Qu'est-ce que vous vous êtes figuré dans l'esprit en voyant la médaille représentant une Alsacienne soutenant un soldat mourant ?

M. Kœchlin. — Cela signifie, suivant ma conception, le regret que l'Alsace-Lorraine est échue à l'Allemagne, avec l'espoir qu'elle sera redemandée ; puis, que la France doit faire attention que ce qui est arrivé à l'Alsace-Lorraine n'arrive pas aussi à d'autres provinces.

Le Président. — Mais la prise du fusil indique le combat.

M. Kœchlin. — C'est une allusion à la guerre de défense.

Le Président. — Sur la médaille est écrit : « Quand même », sur le revers « 1870 », et en bas « 18.. ». Qu'avez-vous entendu sous cela ?

M. Kœchlin. — L'espoir que l'Alsace-Lorraine revienne à la France, et cela même encore dans ce siècle.

Le Défenseur Dr Zehm. — L'inculpé a payé en 1885 et 1886 des contributions, cinq francs chaque fois. Comment cela s'est-il fait ?

M. Kœchlin. — En 1884 j'ai été à Paris, en 1885 également ; en 1886 mon frère a payé à Paris en mon nom.

Le Président. — Mais votre frère l'aura fait sans mandat spécial, puisqu'il payait vos dépenses courantes.

M. Kœchlin. — Cela s'est fait sans

mandat spécial; je n'ai pas ajouté une telle importance à l'affaire.

Le Président. — Êtes-vous en compte courant, et avez-vous vu plus tard le poste dans votre compte? L'avez-vous vérifié ?

M. Kœchlin. — Bien certainement, je suis en compte courant; j'ai vu plus tard le poste dans le compte, et je ne l'ai pas réclamé.

Le Défenseur. — Je prie de demander à l'inculpé s'il a jamais assisté à une festivité de la Ligue?

M. Kœchlin. — Non.

Le Défenseur. — Est-ce la vérité que dans l'établissement de l'inculpé à Mulhouse sont engagés de considérables fonds étrangers, et que M. Kœchlin a fermement résolu de se retenir de toute activité politique ?

M. Kœchlin. — Oui.

Suit, après la déposition du juge d'instruction, M. le juge provincial *Munzinger*.

Le Président. — L'inculpé, M. Kœchlin a-t-il déclaré n'avoir aucun doute que la Ligue veut reconquérir l'Alsace-Lorraine à main armée ?

Le Témoin. — Oui. Il a dit en effet que cela n'était pas son avis et que bien des membres pensaient sûrement comme lui.

Le Président. — Mais il a déclaré que la Ligue elle-même avait pour fin la reconquête à main armée ?

Le Témoin. — En tout cas il s'est prononcé d'une manière qu'on ne pouvait être douteux de ce sens.

Le Président. — Vous rappelez-vous des mots « ne pouvait être douteux » ?

Le Témoin. — Le sens des paroles de l'inculpé était en tout cas le même comme il a été mis alors dans le procès-verbal.

Le Président. — Mais il a avoué avoir eu connaissance des buts de la Ligue?

Le Témoin. — Sur ce point, les inculpés ne se sont jamais prononcés clairement ; ce n'est que des différentes déclarations qu'on a pu tirer cette conviction. Dans le procès-verbal ne sont écrites ni questions ni réponses, mais l'impression totale. Le sens de la déclaration était que la Ligue en général devait élever la jeunesse française, et que la fin de cette éducation était la guerre contre l'Allemagne.

Le Défenseur. — Avez-vous mis devant lui les statuts ?

Le Témoin. — Oui, mais je ne les lui ai pas tous lus, je crois.

Le Défenseur. — Lui avez-vous lu l'article 2 ?

Le Témoin. — Il a dit alors, en effet, qu'il doutait que l'article 2 était conçu en ces termes ; mais je lui ai démontré qu'il l'a lu dans le *Drapeau* assez souvent dans les mêmes termes.

Le Défenseur. — Avez-vous occasionné des recherches sur la réputation de M. Kœchlin, ainsi que sur son activité politique éventuelle, et avec quel résultat?

Le Témoin. — Je n'ai pas appris la moindre chose sur une activité politique de M. Kœchlin ; j'ai entendu seulement qu'il vit uniquement pour sa famille et qu'il se tient complètement éloigné de la politique.

Il commence alors l'interrogatoire de l'inculpé M. *Blech*, qui doit s'approcher également de la table des juges. L'interrogatoire prend des formes essentiellement plus vives que celui de M Kœchlin, parce que M. Blech ne comprend pas bien le président, en apparence, et puis, parce qu'il use de beaucoup de paroles, passant, avec toute la vivacité d'un Français et avec prédilection d'une chose à l'autre. Mais quelque vives que soient les formes de l'interrogatoire, il n'ajoute que fort peu de nouveau aux déclarations que l'inculpé a déjà faites hier et que nous avons rapportées. M. Blech veut faire croire que par la carte seulement il a conclu qu'il a payé en 1886 une contribution à la Ligue, mais il ne se souvient pas, s'il l'a payée une ou deux fois. Encore ne veut-il plus se rappeler distinctement, s'il a payé dix ou vingt francs. « Je ne m'en souviens plus, monsieur le président, vingt francs sont une bagatelle pour moi », ajoute-t-il; sur quoi le président lui réplique : « M. Blech, je vous fais ressouvenir qu'il n'importe point du tout que vingt francs soient pour vous une bagatelle dont vous parlez si souvent et avec tant de prédilection, à ce qu'il paraît; il s'agit ici seulement *pour quel but* vous avez payé les vingt francs, et ce dernier n'est pas une bagatelle, mais une chose fort sérieuse. »

M. Blech dit alors qu'il a entendu parler à Paris des buts de la Ligue en général, et qu'un de ses amis l'a invité à faire une contribution, et c'est à lui qu'il a payé l'argent. Que cet ami lui aurait dit en particulier quel était le but que la Ligue poursuit, c'est ce dont il ne se souvient pas.

Le Président. — Il est vraiment peu croyable qu'un homme comme vous fasse une contribution pour une cause quelconque, sans savoir pour quel but.

M. Blech. — Vraisemblablement!

Le Président. — Ne dites donc pas toujours: vraisemblablement. Si vous ne vous déclarez pas distinctement, j'accepte que vous ne savez rien ou que vous ne *voulez* rien savoir.

M. Blech. — Oh, je vous prie, M. le président, j'espère que vous ne croirez pas cela de moi. Oh, oh! Je n'ai jamais su que la Ligue est autre chose qu'une union pour éveiller et propager le patriotisme, pour introduire la gymnastique et le tir, et pour les réunions des citoyens entre eux.

L'inculpé dépose ensuite qu'il avait cru que la Ligue introduirait aussi une propagande contre les anarchistes;

qu'on avait aussi désigné cela comme un de ses buts. On voulait obtenir la restitution de l'Alsace-Lorraine à la France, mais cela ne devait se faire, à ce que l'inculpé avait cru, que par *une voie paisible*, peut-être par un contrat des deux États en question. Pour quelle raison l'Allemagne devait céder ces deux provinces par suite d'un contrat, c'est ce qu'il ne savait pas, à dire vrai; la diplomatie pourrait bien trouver une voie, à ce qu'il avait cru. Encore croyait-il que la réunion de l'Alsace-Lorraine avec la France serait rendue possible, si les deux États réduisaient leurs budgets. Si, parfois, il a lu dans la presse une autre vue sur les buts de la Ligue, et surtout qu'on voulait éventuellement user de la force, ce n'étaient pas ses vues, mais celles des journalistes et des orateurs qu'il n'avait pas employés. Quant à lui, il pense beaucoup plus paisiblement que cette presse représente l'extrême violence.

Dans le cours de l'interrogatoire, il ajoute encore, qu'il est politique, à la vérité, mais non dans le degré comme le président se l'imagine ; qu'il lit, en effet, des gazettes, mais qu'il est continuellement occupé de ses entreprises industrielles ; qu'en général, toute sa vie n'a été jusqu'à ce moment qu'une vie d'activité non interrompue. Avec Gambetta, il dit avoir été lié d'amitié personnelle, qu'il l'a beaucoup estimé, et qu'il s'est prononcé que le sol sur lequel la politique de Gambetta s'élève doit s'élargir de plus en plus ; qu'après la mort de Gambetta, il avait, en effet, voulu prononcer sur son tombeau un discours au nom de l'Alsace-Lorraine, mais que, ayant appris auparavant que le gouvernement ne le souffrirait pas par égard pour l'Allemagne, il l'avait envoyé au père de Gambetta à Nice. Pour le monument de Gambetta, il a donné dix mille francs. Pour la fondation de la *République Française*, de Gambetta, il a donné vingt mille francs qui lui ont rapporté huit pour cent de dividende, et pour la fondation du *Petit Français* il a donné dix mille francs.

Après que l'inculpé eut encore une fois assuré qu'il n'était pas politique dans le degré qu'il semblait avoir l'air, on lit la lettre mentionnée déjà hier, qu'il avait adressée à un jeune homme allemand qui lui avait demandé la main de sa fille et dans laquelle il dit, qu'il ne croyait pas de la dignité d'une Alsacienne d'épouser un Allemand. Mais il ne veut avoir écrit de cette manière que pour avoir un prétexte de refuser sa demande.

Il suit alors l'interrogatoire de M. *Jordan* : « J'ai dit moi-même au commissaire de police de faire une perquisition dans mon bureau. On y a trouvé, à mon grand étonnement, les lettres dont on me charge. Je ne savais rien de la Ligue. J'ai des sentiments français, étant élevé en France. Je ne suis pas ennemi des

Allemands ; ce serait folie et ingratitude, puisque l'Allemagne m'a offert l'hospitalité. Une seule fois, en 1885, j'ai payé cinq francs pour la Ligue ; j'avais des rapports avec une famille Baur, et un fils de cette famille m'a invité d'entrer la Ligue qu'il décrivait comme une Société de gymnastique. »

Le Président. — Vous avez reçu ensuite la carte et une médaille, ainsi que des statuts.

M. Jordan. — Oui, certainement.

Le Président. — Sont-ce ceux-ci ?

M. Jordan. — Je ne le sais pas, je ne les ai jamais lus.

Le Président. — Ce sont les statuts de la nouvelle édition. — Puis, vous avez reçu une liste de souscription.

Le Président fait prêter serment au second interprète, M. Dénervaud, qui lit alors la liste trouvée chez M. Jordan, et traduit les instructions pour les chefs de liste qu'elle contient,

Le Président. — Avez-vous parlé au jeune Baur par rapport à cette liste ?

M. Jordan. — Non, je l'ai reçue sans que j'y aie donné occasion.

Le Président. — Avez-vous lu la liste et les statuts ?

M. Jordan. — Non, jamais.

L'interprète lit et traduit alors la lettre qui accompagnait la carte, etc. A part les particularités personnelles, elle termine :

Paris, le 31 août 1885.

Je vous ai envoyé, à l'adresse désignée par vous, votre carte et votre médaille de la L. D. P. (Ligue des Patriotes) dans un exemplaire des « Nouveaux chants du Soldat, » que vous avez déclaré vouloir lire. J'ai pris la liberté d'ajouter une liste d'affiliation, parce que je crois que parmi vos nombreux amis il y en a sans doute beaucoup qui se jugeraient heureux de pouvoir faire une action patriotique par leur inscription. Mais si vous croyez que la liste puisse vous donner quelque désagrément, n'hésitez pas de me la renvoyer. M. Paul D., le président de la Ligue des Patriotes, sur l'impulsion duquel je vous ai fait l'envoi, vous saurait gré, ainsi que moi, de votre inscription.

CH. BAUR.

Le Président. — Vous avez dit, une autre fois, que vous avez prié Baur de vous donner une autre adresse, parce que la Ligue ne fait pas d'envois directs aux Alsaciens-Lorrains.

M. Jordan. — Oui, j'ai dit cela, mais je ne sais pas quand.

Le Président. — Vous a-t-il donc déjà dit cela alors que vous avez payé les quatre francs.

M. Jordan. — Oui, j'en conviens.

Le Président. — Mais, en 1885, un Alsacien-Lorrain doit déjà avoir su ce que la Ligue des Patriotes voulait. Lorsqu'on vous a demandé une adresse protectrice, pouviez-vous donc croire encore la Ligue une Société inoffensive ?

M. Jordan. — J'ai été presque surpris à l'improviste par ce Baur.

Une seconde lettre de Baur à M. Jordan, qu'on lit également, contient ce qui suit :

Paris, le 5 septembre 1885.

Je viens de recevoir votre lettre. Soyez sans soucis. Le Comité de la Ligue a prévu les désagréments que les membres alsaciens auraient à souffrir de la part des Allemands, et elle en agit à leur égard avec la plus grande précaution. Vos noms ne seront pas publiés dans le « Drapeau », de même que les communications ne vous seront jamais expédiées directement. Les adhérents que vous nous amènerez, que leur nombre soit petit ou non, seront reçus avec enthousiasme ; on est si heureux en voyant que les Alsaciens se souviennent encore de nous. Néanmoins je vous conseille d'en agir avec précaution, car je serais infiniment fâché que cela vous causât des désagréments.

CH. BAUR.

Cette seconde lettre, qui est venue directement par le courrier, est arrivée, comme M. Jordan [illegible], environ trois semaines avant l'arrivée de la liste qui lui est parvenue par un détour.

Le défenseur de M. Jordan fait la mention que M. le directeur Victor Hoffmann, à Rougemont, auquel le paquet avec la liste a été adressé, soit appelé comme témoin pour déclarer quand l'inculpé a reçu le paquet.

M. le procureur général de l'empire juge la déposition de M. Jordan, que la motion du défenseur doit soutenir, assez croyable.

L'interprète M. Dénervaud est questionné sur le mot « relèvement », resté peu clair la veille, et il l'explique comme « Erhebung » aussi bien que « Wiedererhebung », mais en général comme « Erhebung »

Dans le cahier de notices de M. Blech sont lues ensuite plusieurs notes. Il y a parmi elles des pensées de M. Blech sur la ruine des espoirs de délivrance prochaine (*x* devant l'effondrement de nos rêves d'une délivrance prochaine). Dans

5.

la lettre adressée par M. Blech à cet Allemand qui lui avait demandé la main de sa fille, il y a le passage : « Qu'il est des raisons de dignité nationale qui ne sauraient permettre à une Alsacienne d'épouser un Allemand. »

Ici est fait une pause de midi de 20 minutes.

Les inculpés ont la permission d'un libre commerce avec leurs parentés qui leur présentent des vivres et à boire. Mais, de cette permission les inculpés et leurs amis font un usage si étendu, que le président se voit obligé de renvoyer pour le futur les inculpés dans la prison, durant la pause de midi. En annonçant cet arrêt, il dit que les inculpés ont désabusé de la permission qui leur avait été accordée.

Après l'interrogatoire de M. Jordan vient celui de l'inculpé *M. Trapp.*

Il répète la déclaration à l'égard de l'acquisition de la liste, qu'il a déjà faite le jour précédent.

En 1883, il reçut par l'inculpé M. Schiffmacher le formulaire de la liste de souscription de la Ligue des Patriotes; il a reçu quatre-vingt-dix francs, auxquels il a ajouté dix francs et a remis à M. Schiffmacher la liste avec l'argent. Par suite de son agitation, il est devenu *membre fondateur*, suivant l'ordonnance de l'article cité, et, conformément à l'article 7, il a reçu comme tel un diplôme spécial ; en outre, pour lui-même, une médaille d'argent; pour les autres souscripteurs des médailles de bronze, qu'il leur a distribuées. En même temps, M. Schiffmacher lui a remis un exemplaire de la seconde édition des statuts de la Ligue en brochure, sur la session d'ouverture, et deux circulaires du premier président de la Ligue, M. Martin, et du délégué d'alors, P. Deroulède, les derniers en deux exemplaires chacun. Ces pièces qui, après l'expédition de la liste et l'envoi de l'argent, ont été remises à M. Trapp, contiennent des remercîments pour les services rendus et la prière de continuer les aides.

Le diplôme, qui est sous les yeux du tribunal, l'inculpé l'a fait encadrer.

L'interprète lit et traduit la lettre adressée par Paul Déroulède à M. Trapp lors de l'envoi des différentes médailles; de même une lettre de M. Martin est lue.

Quand, en 1884, M. Trapp n'eut pas payé à temps la contribution conforme aux statuts, il reçût une sommation de l'administrateur général de la Ligue et du Drapeau; il a payé et a reçu en retour un formulaire de quittance imprimé, portant le n° 2, dûment rempli et signé par l'administrateur général.

L'argent que M. Trapp a quêté, il l'a remis ensuite à Schiffmacher.

Le Président. — M. Schiffmacher vous a-t-il dit où il a envoyé de l'argent?

M. Trapp. — Non.

Quant à la conviction que l'inculpé a entretenue sur les buts de la Ligue, il se prononce comme les autres inculpés interrogés jusqu'alors. Lui aussi ne veut pas avoir su que la Ligue tend à la reprise de l'Alsace-Lorraine à main armée. Mais de ses déclarations dans l'instruction préliminaire résulte son entière connaissance des buts de la Ligue. Aussi a-t-il dit que l'Alsace-Lorraine ne pourra redevenir française sans une guerre.

Le Président. — Pourquoi retirez-vous maintenant vos aveux ?

M. Trapp. — Le juge d'instruction m'a méconnu, mes déclarations ont été tout autres en partie.

Le juge provincial, M. Munzinger, affirme que M. Trapp a déposé comme il est dit dans le procès-verbal. A la question, s'il désirait le recouvrement, il a refusé la réponse. C'est ainsi que le juge d'instruction a fait écrire dans le procès-verbal; mais il ajoute qu'il y aurait fait écrire autre chose, s'il avait pu y déposer les gestes de l'inculpé et l'impression personnelle qu'il a faite sur lui.

Sur son agitation pour la Ligue et ses rapports à la publicité, M. Trapp s'est exprimé devant le juge d'instruction en ces termes : « Naturellement je ne l'ai pas fait publier à son de tambour ». Quant au démérite de son action il prétend n'en avoir été informé que par son avocat.

Suit l'interrogatoire de l'inculpé *M. Schiffmacher.*

Le Président. — Avez-vous été membre de la Ligue des Patriotes ?

M. Schiffmacher. — Non.

Le Président. — Avez-vous payé des contributions ?

M. Schiffmacher. — Deux ou trois fois.

Le Président. — Comment cela s'est-il passé ?

M. Schiffmacher. — Un inconnu est

venu chez moi, et m'a prié de souscrire. Je croyais que c'était pour la fondation de Sociétés de tir et j'ai souscrit cinq marcs.

Le Président. — Cela n'est pas croyable. Déjà auparavant vous n'avez avoué que pas à pas. Est-ce la vérité ce que M. Trapp a dit.

M. Schiffmacher. — Bien certainement.

Le Président. — Eh bien! alors vous avez fait considérablement plus que vous n'avez avoué auparavant. Vous avez expédié cent francs, pourvu M. Trapp d'une liste, etc.

M. Schiffmacher. — La liste m'a été envoyée sans ma coopération ; probablement par suite de ma signature.

Le Président. — Mais vous avez donc invité M. Trapp à payer ?

M. Schiffmacher. — Oui, sans doute.

Le Président. — Vous avez reçu cent francs de M. Trapp. Qu'en avez-vous fait ?

M. Schiffmacher. — Je les ai remis à un voyageur qui les a emportés avec à l'occasion à Paris.

Le Président. — Ensuite vous avez reçu de Paris différentes choses, entre autres des médailles et un diplôme ; vous avez donné tout cela à M. Trapp.

M. Schiffmacher. — Oui.

Le Président. — Par quelle voie avez vous reçu ces objets.

M. Schiffmacher. — Ma femme tenait un commerce à Mulhouse, elle a reçu des marchandises de Paris, et avec ces dernières sont arrivés les objets.

Le Président. — Est-ce là l'usage de la Ligue des Patriotes d'expédier ses diplômes avec des marchandises ?

M. Schiffmacher.— Les marchandises ont été envoyées par le voyageur qui aurait pris avec lui l'argent à Paris, et ce dernier y a aussi joint les pièces.

Le second payement s'est fait quand M. Schiffmacher a reçu cinq exemplaires de la brochure de la Ligue ensemble avec la carte de l'Allemagne publiée par elle, évidemment pour les distribuer. M. Schiffmacher a envoyé la contribution de cinq francs à Eugène Pierrat à Paris, moyennant une lettre recommandée, sur laquelle le reçu de la poste est sous les yeux du tribunal. Il veut avoir connu et lu l'adresse de Pierrat dans la brochure. Ce n'est pas la vérité, car le nom de Pierrat n'est pas inscrit sur la feuille.

Le Président. — Un certain Meyer a attesté que vous lui avez demandé cinq francs. Vous avez demandé aussi cinq francs à M. Trapp. Vous avez donc fait la quête?

M. Schiffmacher. — Quant à Meyer, je n'en sais rien; j'y crois peu.

Le Président. — Êtes-vous devenu *membre fondateur?* Vous avez là, la médaille d'argent.

M. Schiffmacher. — Je l'ai reçue d'un de mes amis, nommé Sterw.

Le Président. — Vous prétendez encore n'avoir eu aucune relation avec la Ligue entre 1882 et 1886. Cela n'est pas croyable.

M. Schiffmacher. — Il n'aurait pas été nécessaire non plus d'avouer que j'ai fait d'abord des payements à la Ligue.

Le Président lit à l'inculpé les déclarations les plus contradictoires qu'il a faites auparavant.

Celui-ci déclare n'avoir rien avoué pour ne pas compromettre M. Trapp. Quand le juge d'instruction lui a communiqué que M. Trapp avait fait cet aveu, il avait pris cela pour un piège qu'on lui tendait.

Le Président (au juge d'instruction). — Qu'est-ce que M. Meyer, qui s'est trouvé autrefois en enquête judicaire, mais qui a été mis hors de persécution depuis, a déposé?

Le Témoin. — Il a déposé catégoriquement avoir payé quatre ou cinq francs à M. Schiffmacher par suite de sa demande.

Le Président. — Vous êtes soldat de la *landwehr* et avez prêté serment sur le drapeau. Cela ne vous a pas retenu de prendre part à la Ligue ?

M. Schiffmacher. — Je n'ai pas cru cela illicite.

Suit l'interrogatoire de l'inculpé *M. Reybel.*

M. Reybel est *membre adhérent* de la Ligue des Patriotes. Il est devenu membre en 1885, en payant cinq francs à la requête d'un commis-voyageur, nommé Gritzinger, qu'il a connu autrefois à Strasbourg et qu'il rencontrait de temps en temps dans cette ville. Ce Gritzinger, qui vit à présent en France, est évidemment un des agents de la Ligue. Il a délivré à l'inculpé la carte de membre sur laquelle le nom n'a été inscrit qu'après par M. Reybel; après le payement de la contribution, il a donné aussitôt à ce dernier la médaille de bronze. M. Reybel prétend que Gritzinger, en la lui remettant, n'a fait aucune mention de la Ligue des Patriotes. Après une courte inquisition par le Président, il avoue avoir su que ces cinq francs étaient destinés pour la Ligue des Patriotes, mais il n'a pas cru qu'il en était devenu membre pour cela.

Le brouillon d'une lettre a été saisie chez M. Reybel. Cette lettre adressée à une cousine de sa femme, demeurant à Paris, et signée : Eugénie Reybel, avait pour but de se défendre contre des reproches que cette cousine leur avait faits, à lui et à sa femme, à l'occasion des festivités des manœuvres de l'Empereur en automne 1886. M. Reybel s'y nomme « un Français exagéré » et se désigne — au-dessous de la devise de la Ligue — expressément comme membre de la *Ligue des Patriotes* ». La lettre, caractérisant les sentiments politiques de l'inculpé, s'exprime littéralement.

Quant aux festivals et à l'accueil de l'empereur et de l'impératrice d'Allemagne pendant leur séjour à Strasbourg, tu peux dire aux clients de ma cousine Marie, même en produisant cette lettre, que ce ne sont nullement des Alsaciens qui ont arrangé ces festivals ou y ont pris part, mais seulement les émigrés et les Strasbourgeois et Alsaciens vivant ici parmi les Allemands et qui, depuis l'infortunée guerre de 1870, dont ils sont malheureusement la rançon, parce qu'il n'est possible à tous de s'éloigner, sont meilleurs Français et ont plus de patriotisme que chaque Parisien qui se nomme bon patriote, qui fait un verbiage inutile sur les Alsaciens et les qualifie « d'Allemand », au lieu de les plaindre à cause de leur infortune. Il y a maintenant plus de seize ans que nous vivons sous le joug de messieurs les Allemands ; nos cœurs seront toujours saignants, et nos plaies ne guériront pas avant que notre chère Alsace ne soit redevenue française. Nous autres, nous sommes Français et le resteront toujours de cœur et de naissance. Nous n'oublions pas si vite que les Parisiens, qui boivent de la bière de Munich jusqu'à ce qu'ils n'en peuvent plus. Nous n'achetons pas chez les Allemands comme ces messieurs. C'est là que le patriotisme fait défaut. Nous ne fraternisons pas avec eux. Quoiqu'ils fassent tout leur possible pour nous prévenir, ils ne nous germaniseront point. Et quand même on devrait rester encore cinq ans sous leur domination, les Alsaciens seront et resteront Français. Que messieurs les Parisiens, qui savent si bien se moquer de ces pauvres orphelins, nous délivrent de ce terrible fléau, nous leur en serions très reconnaissants, alors ils pourraient porter leur tête élevée.

En attendant ce beau jour, reçois une poignée de main de ta cousine et de ton nouveau cousin que vous n'avez pas encore eu l'honneur de voir et de connaître, un Français enragé (membre de la Ligue des Patriotes).

Qui vive ? France !
1870 Quand même !
18 Eugénie Reybel
Boulevard de Saverne, 15.

Le Président. — Cette lettre a été écrite au mois de septembre 1886, et d'après cette lettre vous deviez être alors encore membre.

M. Reybel. — Non.

Le Président.— Vous prétendez aussi n'avoir pas connu le but aggressif de la Ligue !

M. Reybel. — Non.

Le Président.— Il sera encore discuté que vous êtes devenu membre dans un temps où tout le monde dans cette contrée connaissait les fins de la Ligue des Patriotes.

Le défenseur, l'avocat M. Ott, prie de poser la question, si M. Reybel n'a pas connu Gritzinger comme membre d'une Société de Gymnastique, et si, dans leur rencontre, il n'était pas question de Société de Gymnastique. L'inculpé l'affirme.

Le défenseur prie d'assigner Gritzinger qui vit en France, et qui, sous un sauf-conduit, ne manquerait pas de dire la vérité. Il doit être prouvé par cela que Gritzinger n'a rien dit à M. Reybel sur la Ligue des Patriotes. Le défenseur fait part, en outre, qu'il a reçu une lettre de Gritzinger et prie de la joindre aux actes.

Le Président refuse cette motion.

Chez l'inculpé ont été trouvés deux poèmes : *la Revanche*, et *Pour faire suite au Chant du Départ*. Tous les deux sont écrits de sa propre main, il y est chanté la guerre de revanche.

La femme de M. Reybel est interrogée comme témoin et dépose que son mari est toujours resté chez lui le soir, et qu'il ne s'est nullement mêlé de politique.

M. l'avocat Freytag fait la motion d'ouïr le témoin Stern, afin de prouver que ce dernier a donné, en effet, la médaille à M. Schiffmacher.

Le Tribunal résolut de ne pas assermenter le témoin Reybel femme; puis, de ne pas assigner les témoins Gritzinger et Stern.

TROISIÈME JOUR

Les tribunes et la salle ne sont que faiblement occupés aujourd'hui. Les parents des inculpés ont pris place ce jour sur une des tribunes, en face du banc des inculpés.

Quelques minutes après neuf heures, le président ouvre la séance par la question adressée à M. Blech, quand il est entré dans la commission du cercle, et quand il a prêté le serment. C'était, comme M. Blech répond, il y a huit ans, et il a prêté le serment le premier jour de son entrée dans la Commission.

Suit alors l'interrogatoire de l'inculpé *M. Hubert.*

Le Président lui fait part d'abord, par l'interprète, ce que les autres inculpés ont déposé jusqu'alors.

Ensuite commence l'interrogatoire de M. Hubert par l'interprète. M. Hubert déclare, qu'après avoir conféré avec son neveu, il est allé au bureau de la Ligue et y a payé vingt francs, sans faire des questions. Il prétend n'avoir rien su des buts de la Ligue. A l'opposite de ses déclarations antérieures, d'après lesquelles il serait devenu membre en 1884, M. Hubert dépose, qu'il est devenu membre en 1883. Les déclarations contraires, faites par lui antérieurement, il les explique comme faiblesse de mémoire.

Le Président. — Votre neveu ne vous a-t-il rien dit sur le but de la Ligue ?

L'Interprète. — Il lui a dit que cette dernière était en rapports avec l'Alsace-Lorraine.

Le Président. — A-t-il reçu, en payant les vingt francs, le diplôme et la médaille d'argent comme *membre fondateur ?*

L'Interprète. — La médaille aussitôt; quant au diplôme, il est allé le prendre plus tard.

Le Président. — A-t-il payé des contributions plus tard encore ?

L'Interprète. — Il dit qu'il a payé en 1884 encore une fois vingt francs, pour les années 1884 et 1885.

Sur une interpellation réitérée, M. Hubert déclare qu'il a payé en 1884 et 1885 chaque année vingt francs, mais que cette dernière année il a demandé en même temps d'être rayé de la liste. Par conséquent il a payé trois fois en tout. Les deux dernières fois il a payé par l'entremise de son neveu ; il n'a pas eu de correspondance avec la Ligue.

Le Président. — A-t-il écrit en 1885 à son neveu qu'il désirait se retirer de la Ligue ?

L'Interprète. — Oui. Ce dernier a répondu que les messieurs étaient très fâchés de sa sortie, mais qu'ils la trouvaient tout à fait justifiée par des relations.

Le Président. — Pourquoi est-il sorti de la Ligue?

L'Interprète. — Le prince Hohenlohe avait dit que les membres de la Ligue des Patriotes pourraient avoir des inconvénients. S'apercevant, en outre, que la Ligue ne pouvait avoir de but pour lui, homme âgé, il en est sorti.

Le Président. — Il a peut-être lu dans les gazettes que les membres pourraient avoir des inconvénients?

L'Interprète. — Oui.

Le Président. — A-t-il lu pour quelle raison cela pourrait arriver?

L'Interprète. — Il dit qu'il n'a pas été question de la Ligue, mais, en général, de mesures violentes contre les Alsaciens-Lorrains qui en étaient inquiétés.

Le Président. — N'a-t-il rien appris des fins de la Ligue de 1883 à 1885?

L'Interprète. — Non.

Le Président. — Pourquoi, quand les mesures sévères ont été employées contre les Alsaciens-Lorrains, a-t-il pris occasion de sortir de la Ligue? A-t-il mis cela en rapport avec son état de membre de la Ligue?

L'Interprète. — Il ne sait pas la véritable cause de sa sortie.

Le Président. — Autrefois, il a dit qu'il en était sorti au moment qu'il avait reconnu que son état de membre pourrait devenir périlleux pour lui, sans cependant l'avoir cru alors illicite. Pourquoi a-t-il encore payé vingt francs en 1885?

L'Interprète. — Il dit qu'il les a payés de trop.

Le Président. — Autrefois il a dit qu'il l'avait fait pour pouvoir sortir d'une manière décente.

L'Interprète. — Il déclare avoir eu tort d'avoir payé les vingt francs encore une fois.

Le Président. — Connaît-il maintenant quelque chose sur la Ligue?

L'Interprète. — Il ne l'a appris qu'ici par suite de la lecture.

Le Président. — Il dit qu'il n'est pas ennemi des Allemands; qu'il a placé une partie de sa fortune dans des papiers allemands.

L'Interprète. — L'inculpé l'affirme et dit que, par conséquent, il n'a point d'intérêt de conspirer contre l'Allemagne, qui tient sa fortune entre ses mains.

Le Défenseur de l'inculpé. —Dans l'instruction préliminaire, j'ai fait la motion que le neveu de l'inculpé fut ouï dans l'instruction préliminaire sur le dernier payement de la contribution et sur la déclaration de sortie. Cette motion a été refusée, et je n'ai entre les mains qu'une imitation photographiée du passage se rapportant à la rayure dans les livres de la Ligue des Patriotes; je prie de la déclarer une pièce justificative. Puis, je demande d'être ouï comme témoin sur l'inspection dans ces livres, qui m'a été permise.

Le Président. — Ce n'est pas admissible. Vous êtes le défenseur de l'inculpé et ne pouvez donc être ouï comme témoin. Si vous aviez voulu cela, vous auriez dû le notifier avant le commencement des débats.

Le Défenseur. — Je persiste dans ma motion, car elle est admissible, et je prie de former un arrêt de tribunal.

Le Président. — Vous l'aurez naturellement.

Le Défenseur. — Je fais la motion de me relever de la défense durant le temps de mon audition comme témoin. M. l'avocat Freytag me remplacera.

Le Président. — Mais cela ne peut pas se faire.

Le Défenseur. — Eh bien, monsieur le président ! je prie alors de vouloir me permettre de livrer au Tribunal, dans l'exposition de ma première motion, l'enregistrement photographié dans les livres de la Ligue des Patriotes comme pièce justificative, et de dire ce que j'aurais déclaré comme témoin, savoir, comment j'ai obtenu cet enregistrement photographié.

Le Président. — Il n'y a rien qui s'y oppose.

Le Défenseur. — Pour prouver que la déclaration de l'inculpé M. Hubert, d'avoir demandé d'être rayé comme membre de la Ligue, et que cette rayure a été faite en effet, est juste, je me suis rendu à Paris et j'ai demandé au bureau de la Ligue des Patriotes de vouloir couper des livres le passage où se trouve enregistré le payement de la contribution ensemble avec la remarque sur la sortie, et de me le donner. Mais on m'a refusé de le faire; c'est pourquoi j'ai fait faire une photographie de ce passage. Voici la photographie et la vérification officielle qu'elle est conforme à l'original. J'ai prié l'inculpé de me dispenser de sa défense pour pouvoir le servir de témoin. Mais il n'a pas voulu en entendre parler. Mais si je m'étais présenté à Paris comme personne privée et non comme l'avocat de l'inculpé, on ne m'aurait certes pas permis l'inspection des livres.

M. le docteur Lentz, de Metz, comme expert. — Je traite M. Hubert depuis 1884 de la dyssenterie saccharine et je l'ai trouvé fort affaibli de corps et d'esprit. Je n'ai pas pu observer ni constater qu'il fût ivrogne ; mais, à Metz, on le croit faible d'esprit. On peut bien dire cela, car je l'ai trouvé dans différentes situations qu'un homme sain d'esprit sait éviter. Je l'ai vu, par exemple, très souvent manger en commun avec des chiens et des chats, et, au théâtre, il ne cessait de jaser. Le directeur du théâtre m'a raconté que M. Hubert n'avait voulu s'abonner qu'à la condition, qu'à sa mort, son siège restât inoccupé, et qu'il fût décoré en noir. D'après toutes ces observations, je ne puis déclarer proprement M. Hubert atteint d'aliénation, mais ses facultés intellectuelles ne sont point en ordre.

Le Président. — M. Hubert se trouvait-il dans un tel état que sa faculté de vouloir était exclue ?

M. le docteur Lentz. — C'est ce que je puis prétendre.

Le Président. — Mais vous croyez donc tous ceux qui se trouvent dans un état semblable à celui de M. Hubert et qui se conduisait comme lui, privés en quelque sorte d'imputabilité ?

L'Expert. — Il m'a donné, en effet, souvent des renseignements tellement de travers que je le suppose chez lui.

Le Défenseur. — J'appelle encore l'attention au fait que M. Hubert était affecté de la dyssenterie saccharine.

Le Président. — Vous voulez dire par cela que son système nerveux était dérangé.

Le juge provincial, M. Munzinger,

qui est interrogé de nouveau, déclare que, dans son interrogatoire, M. Hubert a fait des réponses tout à fait claires qui ne se succédaient pas, en vérité, aussi promptement qu'avec des gens plus jeunes. Mais qu'il avait, en effet, été douteux, si M. Hubert avait la conscience de la portée de ce qu'on l'inculpait.

Les résultats de l'audition de l'expert sont communiqués à l'inculpé M. Hubert par l'interprète.

M. Hubert déclare n'avoir pas vu clair dans son interrogatoire par le juge d'instruction.

M. le Conseiller aulique Dr Berger a observé M. Hubert pendant son emprisonnement à Leipzig, et déclare qu'il lui a fait l'impression d'un homme faible au delà de son âge ; que, par suite de la maladie de la dyssenterie saccharine, le corps souffrait toujours ; aussi n'y avait-il aucun doute que l'entière vigueur intellectuelle n'existait pas en lui. Mais tant qu'il était interné ici, il s'était conduit complètement en homme sain d'esprit. Pris au sens de la loi, il ne pouvait être regardé comme manquant d'imputabilité.

Suit alors l'interrogatoire de l'inculpé *M. Freund*, qui avoue avoir fait deux payements dont les reçus se trouvent sous les yeux du Tribunal. Aussi une brochure (*Rapport sur la séance d'ouverture de la Ligue*) a été trouvée chez M. Freund. L'inculpé raconte une seconde fois, comme au premier jour, de quelle manière il s'est procuré la médaille par suite de son zèle de quêteur.

Comme l'accusation prétend, l'inculpé M. Freund est devenu membre de la Ligue des Patriotes en lui envoyant directement une contribution de cinq francs pour lui-même et de cinq francs pour son fils. Il doit avoir donné alors la direction de remettre les documents de réception nécessaires à son fils Joseph qui vivait alors — en 1883 — à Paris; car ce dernier a trouvé un jour dans sa demeure, dans l'endroit où était déposé régulièrement la correspondance destinée pour lui, outre la brochure contenant les discours prononcés à l'occasion de la fondation de la Ligue, deux reçus en règle, l'un portant son propre nom, l'autre celui de son père, tous deux avec la devise de la Ligue, les n°s 1973 et 1974, la date du 1er juin 1883, et donnés « pour le Comité » par l'administrateur aux deux Freund, père et fils, comme *membres adhérents*. M. Freund fils a envoyé à Haguenau, et c'est là qu'ils ont été trouvés ensemble avec la brochure. Il doit avoir reçu aussi les médailles de membre et expédié à son père, car ce dernier admet les avoir reçues. Le père inculpé avoue aussi avoir envoyé à la Ligue dix francs; mais il est opposé à cela que dans les deux listes de Salm il se trouve enregistré, dans la première comme *membre adhérent*, dans la seconde avec une contribution de cinq francs.

La cause de sa participation avait été pour l'inculpé un appel d'entrer dans la Ligue des Patriotes, publié dans un journal illustré, contenant également la description et l'explication de la médaille de la Ligue, et auquel était ajouté l'image de la médaille dans une échelle d'agrandissement. Pour prouver que c'en était la cause, l'inculpé s'est rapporté au témoin *Stoll*, et Stoll a produit dans l'instruction préliminaire un journal qu'il croyait être le même dont son ami lui avait parlé, et qui présente une image de l'endroit et du revers de la médaille ainsi qu'une explication, d'où les passages suivants sont remarquables :

« Il n'y a point de langage plus éloquent que celui qui parle aux yeux. Heureuse la pensée qui a trouvé son symbole, sa cause est à demi gagnée. C'est le cas de la Ligue des Patriotes, qui vient de faire frapper une médaille qui en dit sur le but de la Ligue plus que beaucoup d'explications publiques. La Ligue entreprend, dans le but du relèvement de la France, une croisade et choisit le moyen de l'éducation patriotique et militaire de la nation. — Le dessin de la médaille est si joli et frappant : l'Alsace tenant entre les bras un soldat mourant, saisissant un fusil et le présentant à la France! — En vérité c'est en effet l'Alsace-Lorraine, autour de laquelle se rangent les patriotes; ce les sont en effet pour lesquelles les patriotes doivent se liguer, toujours plus nombreux, toujours plus fermes. Voilà la médaille que la Ligue décerne à tous ses membres. »

A la déclaration de l'inculpé qu'il n'avait expédié l'argent, les dix francs, pour obtenir les deux médailles, qui avaient pour lui seulement la valeur d'une curiosité, l'accusation oppose, comme le président remarque, que chacune des médailles peut aussi être achetée pour le prix de 25 centimes. L'inculpé objecte à cela qu'il ne s'est agi pour lui des petites médailles qu'il a reçues et comme elles sont expédiées de la part de la Ligue aux membres enregistrés, mais qu'il avait eu au cœur d'obtenir les grandes médailles comme elles se trouvaient copiées dans le journal illustré.

Le fils de l'inculpé, qui a d'abord aussi été en accusation, a servi comme volontaire d'un an dans le régiment d'artillerie de camp à Haguenau. Mais il est dit que cela n'a eu lieu que sur les instances de sa mère, après qu'il était revenu de Paris.

L'accusation soutient que son père l'émancipa en 1880 dans le but de l'émigration en France, et qu'il l'a envoyé à Paris en vue de l'y naturaliser. Dans cette conduite l'accusation voit des sentiments ennemis à l'Allemagne.

Pour prouver le contraire, le défenseur de l'inculpé prie d'ouïr le juge provincial M. Munzinger sur la réputation de Freund, et surtout sur le fait que M. Freund n'a pas des sentiments ennemis.

Le président remarque à cela qu'il se fera, savoir que le témoin sera ouï dans la direction indiquée, mais que par le contenu de l'accusation on n'avait encore aucun sujet de conclure sur des sentiments hostiles à l'Allemagne.

Le juge d'instruction, M. Munzinger, fait savoir que le jeune M. Freund était allé à Paris pour s'y faire naturaliser, mais en 1884 il revint à l'incitation de sa mère. A Paris, un commis dans le même commerce lui avait parlé de la Ligue des Patriotes, et un oncle avait dit qu'il voulait se charger qu'il fût reçu membre. Après longtemps il a dit avoir reçu un jour une brochure. Plus tard, il a avoué que son père lui avait déjà écrit, qu'il avait payé à la Ligue cinq francs pour lui-même et cinq francs pour son fils. A Paris, il a reçu ensuite deux quittances et a envoyé celle pour son père à Haguenau. M. Freund père a avoué après, dans un interrogatoire répété, que cela pouvait bien être le cas, comme son fils a déclaré. Quant aux médailles, ce dernier n'a rien dit du tout.

A l'instigation du défenseur, le juge d'instruction constate que M. Freund s'est efforcé de réfléchir dans chaque interrogatoire et de corriger ses déclarations. Aussi est-il constaté qu'il n'appartenait pas aux cercles de ceux qui protestaient à Haguenau. On le regardait comme un homme entêté et opiniâtre, mais il ne paraissait pas chargé, en politique. Il jouit d'une estime générale comme conseiller municipal.

Le témoin *Ignace Reinbold* est ouï après.

Le Président. — Êtes-vous informé que M. Freund a expédié des sommes à la Ligue des Patriotes pour obtenir des médailles ?

Le Témoin. — Je n'en sais rien. J'ai fait des affaires avec lui, mais nous n'avons parlé sur la Ligue ou sur toute autre Société secrète. Il a apporté un jour une médaille sur la destruction des Tuileries.

Le Président. — Il a donc eu le penchant de rassembler des raretés ?

Le Témoin. — Oui ; il s'est procuré tout ce qui était nouveau et qui lui paraissait intéressant.

Le Président. — Quelles étaient les relations de M. Freund (qui est expéditeur) avec l'administration du Chemin de fer ?

Le Témoin. — Il a eu soin de toutes les affaires d'expédition pour le Chemin de fer.

Le Président. — Il n'avait donc pas de sentiments hostiles aux Allemands ?

Le Témoin. —Non, il a fait des affaires

avec les Allemands comme avec les autres ?

Le Président. — Savez-vous sur quelle incitation son fils est revenu ?

Le Témoin. — Oui, il nous en a parlé dans notre Société, quand le temps était venu pour son service. Nous lui avons conseillé de faire venir son fils.

M. le procureur général observe que, sur ses informations le témoin, M. Reinboldt, lui a été désigné comme ami des Allemands et un homme de qualité.

L'auditoire du témoin Stoll est renoncé de toutes parts ; à sa place l'inspecteur de police *Zahn* est ouï.

M. Zahn donne une exposition des circonstances qui l'ont engagé à agir contre les inculpés. La police a reçu des listes portant les noms des membres de la Ligue en Alsace-Lorraine ; il n'a pas la permission de dire de la part de qui, sur quoi l'enquête judiciaire a été instruite.

Le Président. — Depuis quand êtes-vous à Mulhouse ?

Le Témoin. — Depuis 1874.

Le Président. — Avez vous entendu parler de la Ligue ?

Le Témoin. — En 1885 j'ai lu des articles sur cette Société dans les gazettes.

Le Président. — Quand est-ce qu'une personne s'est déclarée prête à vous faire des communications sur les membres de la Ligue en Alsace-Lorraine ?

Le Témoin. — A la fin du mois de mars 1886.

Le Président. — Etait-ce un Français ?

Le Témoin. — Oui.

Le Président. — Ne vous est-il point permis de dire le nom ?

Le Témoin. — Non, l'autorité préposée me l'a défendu.

Le Président. — Vous a-t-il dit comment il en a eu connaissance ?

Le Témoin. — Je dois passer cela sous silence.

Le Président. — Ensuite ce témoin vous a nommé un certain nombre de personnes ?

Le Témoin. — J'ai reçu une liste originaire.

Le Président. — Nous avons ici *deux* listes, sont-ce là les justes ?

Le Témoin. — Oui.

Le Président. — Vous avez dit que vous aviez été frappé du fait que si peu d'Alsaciens-Lorrains avaient payé des contributions.

Le Témoin. — Oui, ce Français m'a déclaré qu'un grand nombre n'avaient pas payé les contributions et qu'ils ont été rayés par conséquent. Le Français s'est offert de compléter les listes.

Quant à la seconde liste, le témoin dit qu'il l'a reçu de ce même Français, après lui avoir déclaré qu'il lui importait de savoir qui a payé des contributions encore dans le cours de l'année 1886. Le Français a assuré que la seconde liste contenait les noms de ces personnes.

Dans la première liste, M. Kœchlin est noté comme *membre adhérent* avec deux fois cinq francs.

Dans la seconde liste, il est également noté avec cinq francs. Aussi les autres inculpés sont tous notés dans la seconde liste.

Le Président. — Connaissez-vous le journal le *Drapeau*.

Le Témoin. — Oui.

Le Président. — Savez-vous que ce journal était défendu ?

Le Témoin. — Oui.

Le Président. — Comment était-il possible que M. Kœchlin reçoive toujours le journal par la poste ?

Le Témoin. — A mon avis, l'emballage était tel qu'on ne s'apercevait pas que c'était le *Drapeau*. On l'aurait pris pour un journal illustré.

Le Président. — *L'Alsacien-Lorrain* est aussi défendu ; a-t-il été répandu ?

Le Témoin. — A ce que j'ai entendu, par lettre. Aussi est-il à vendre à Bâle.

Le Président. — Connaissez-vous les inculpés de personne?

Le Témoin. — Je connais seulement M. Kœchlin et M. Schiffmacher.

Le Président. — Pouvez-vous dire quelque chose sur leur réputation.

Le Témoin. — M. Kœchlin est du nombre des cercles les plus distingués qui n'ont commerce qu'entre eux. La police ne connaît rien de désavantageux sur lui ni sur M. Schiffmacher.

Le Président. — Quel est, à votre avis, le but de la Ligue des Patriotes ?

Le Témoin. — A mon avis, une agitation devait être créée en Alsace par la fondation de Sociétés de gymnastique, de tir et d'escrime, pour enchaîner de nouveau les provinces à la France. Dans une guerre, cette organisation eût pu nous être dangereuse.

Le Président. — La Ligue n'a-t-elle pas aussi, à votre avis, le but de réunir l'Alsace-Lorraine avec la France, éventuellement à main armée ?

Le Témoin. — C'est ce que je crois positivement; c'est ma conviction.

Le Président. — Où avez-vous puisé cette conviction ? Est-ce que d'autres feuilles encore, outre le *Drapeau* et l'*Alsacien-Lorrain* ont écrit sur ces buts?

Le Témoin. — Je l'ignore.

Le Président. — Croyez-vous que les inculpés aient connu le but ?

Le Témoin. — En général, je suppose que chaque membre le connaissait.

Le Président. — Votre confident vous a-t-il dit que ceux qui ont payé seulement une fois sont devenus membres ou non !

Le Témoin. — Non.

Le Président. — Savez-vous s'il existait en Alsace-Lorraine une organisation particulière pour la Ligue?

Le Témoin. — Je n'en ai pas connaissance.

Le Président. — Ne savez-vous donc pas que les Alsaciens-Lorrains se soient réunis spécialement, qu'ils aient tenu des assemblées, etc. ?

Le Témoin. — Nullement.

Le Président. — Avez-vous fait des recherches ?

Le Témoin. — Oui.

Le Président. — La Ligue accueillait aussi des Sociétés ; savez-vous si cela a lieu par rapport à l'Alsace-Lorraine ?

Le Témoin. — Non; malgré mes recherches, je n'ai rien appris là-dessus.

Le Président. — Les Alsaciens-Lorrains étaient donc sous le pouvoir central en France !

Le Témoin. — Oui.

Le Défenseur M. Dr Zehm. — M. Kœchlin me dit que sur la bande où était contenu le *Drapeau* il était imprimé : *Le Drapeau*, « organe de la Ligue des Patriotes » (naturellement en langue française).

Le Président. — Ces sortes d'envois sont-ils arrivés à Mulhouse ?

Le Témoin. — J'ai vu un tel envoi.

Sur d'autres, ces mots n'étaient pas imprimés.

M. le défenseur *Freytag* demande si le témoin est d'avis si la Ligue voulait faire exécuter le dessein d'arracher l'Alsace-Lorraine de l'Allemagne par ses membres? Le témoin répond que la Ligue voulait seulement avancer la guerre par ses différentes mesures.

M. l'avocat Ott indique une contradiction entre la liste et le fait que la carte de membre de M. Reybel avait valeur pour 1885, tandis que dans la liste de 1886 son nom est enregistré. Ensuite, il demande des renseignements sur la manière d'effectuer la liste, sur quoi le témoin se tait. Encore les autres avocats demandent du témoin des explications sur différentes matières.

M. l'avocat Schott von Schottenstein déclare que la sœur de M. Freund a reçu une lettre du secrétaire général de la Ligue, suivant laquelle M. Freund a payé seulement pour 1883, mais qu'il a été rayé après de la liste, et prie d'être permis de remettre cette lettre au Tribunal comme pièce justificative.

Le Président. — Témoin, M. le juge provincial Munzinger ! connaissez-vous les faits de la Ligue des Patriotes encore par d'autres feuilles que par le *Drapeau ?*

Le Témoin. — Je connais les menées de M. Déroulède depuis longtemps déjà. Elle a pour but d'arracher l'Alsace-Lorraine de l'empire d'Allemagne. Il est vrai qu'elle ne voulait pas former des armées par lesquelles ces fins doivent être atteintes directement ; mais elle veut agir surtout sur la jeunesse, l'élever pour le temps où l'Allemagne aurait à combatttre pour l'Alsace ; elle ne veut pas laisser endormir, de plus, les idées de la revanche pour pousser le gouvernement français à ne pas manquer le juste moment. *Bollecker*, qui a aussi été sous enquête judiciaire, mais qui n'est pas sous accusation dans ce procès, m'a dit un jour : « Il est vrai qu'il a retiré plus tard ces mots qui lui sont échappés, mais je suis tout convaincu qu'il a connu exactement le but de la Ligue. Encore résulte-t-il de quelques lettres de l'inculpé fugitif *Mohler*, que j'ai réussi de saisir, que la Ligue veut exciter une agitation dans les masses pour forcer le gouvernement français à la guerre.

On lit ensuite le compte rendu de la Ligue des Patriotes du 1er juin 1885 jusqu'au 31 décembre 1885. Il en résulte que les recettes montaient à 317.227 francs 77 centimes, et les dépenses à 284.990 francs 91 centimes, et que parmi les recettes figurent aussi 20.000 francs qu'un Alsacien resté inconnu a donnés.

Le président lit plusieurs pièces, entre autres une lettre de Sansbœuf à Bollecker, qui était, en effet, mis hors de persécution pour crime de haute trahison, mais qui a pris la fuite à cause d'une enquête judiciaire pour avoir entraîné de jeunes hommes à la désertion. Il était accusé d'avoir entraîné à la désertion le frère dudit Sansbœuf. D'autres pièces et imprimés se rapportent à l'élévation de Sansbœuf au poste de président de la Ligue.

Dans la cause de Bollecker, tous les défenseurs font la motion d'interroger les inculpés s'ils avaient connu ce Bollecker. Tous répondent négativement, et le président fait observer qu'il n'avait pas eu l'intention, en lisant les pièces, de les mettre en relation avec Bollecker.

Dans la suite de la lecture il est aussi lu la fin d'un discours où les inculpés actuels sont désignés comme martyrs et victimes. Ce discours, Sansbœuf l'a prononcé.

Finalement, le président fait aussi observer aux inculpés qu'ils pourraient peut-être aussi se justifier à cause d'un éli t contre la loi d'association. A la requête de M. le procureur général, on lit une travestie sur le chant : « Quelle est la patrie de l'Allemand » (*Was ist des Deutschen Vaterland*). Elle se trouve imprimée dans le nº 62 de l'*Alsacien-Lorrain* du 8 octobre 1882 et porte le titre :

LA PATRIE DE L'ALLEMAND

CHANT

dédié

A LA NATION ALLEMANDE

avec le plus profond mépris

Un Alsacien.

Où est de l'Allemand la patrie ?
Là où des citoyens la face,
Quand il est dit du rapt des pays,
Ne se colore pas de honte,
Là est de l'Allemand la patrie.

Où est de l'Allemand la patrie ?
Où rapt et meurtre dans la guerre,
Et jusqu'au ciel la flamme monte,
Où est dissout tout lien humain,
Là est de l'Allemand la patrie.

Maudit soit donc le lien allemand!
Où tout mot libre est étouffé,
Ou tout le beau se fane tôt,
Où l'infamie prospère seule,
Oui, maudit soit le pays allemand!

M. l'avocat *Munkel*, défenseur de l'inculpé M. Blech, prie de lire plusieurs articles dans des feuilles parisiennes.

Il reçoit cette permission. Ces dernières contiennent une condamnation des menées de la Ligue.

Le Tribunal se retire ensuite pour une conférence prolongée et revient pour annoncer que la photographie tirée du livre de la Ligue, que le défenseur de l'inculpé, M. Humbert, a présentée, servira comme pièce justificative.

Le président congédie les témoins, à l'exception de Zahn et de Munzinger, et annonce un autre arrêt du Tribunal qui dit que le témoin *Meyer*, qui n'a pas comparu, a été condamné à une amende de *cent* marcs pour n'avoir pas suivi le mandat d'assignation.

Avec cela, la séance est terminée, et l'audition des preuves achevée.

QUATRIEME JOUR

Après avoir ouvert la séance, le président annonce que, de la part du témoin Meyer est arrivée une lettre par laquelle il communique, en ajoutant des certificats médicaux, qu'à cause de maladie il ne peut venir à Leipzig. Le tribunal résoud de remettre au témoin l'amende de cent marcs.

Ensuite le président donne la parole au procureur général de l'empire pour faire ses motions.

PLAIDOYER

M. le procureur général de l'empire Fessendorf. — La publicité des débats présents, pour l'exception de laquelle il n'y a pas de cause, a eu le bien que les suspicions et les détractions, élevées dans les organes de la Ligue des Patriotes contre celles de nos autorités qui, par raison de l'enquête actuelle sont entrées en activité officielle, ont été épointées. On n'a pas seulement hésité de ne nier que la Ligue rassemble des membres dans les provinces de l'empire, mais on a encore eu la hardiesse de prétendre que les pièces justificatives étaient des documents faussés par nos officiers civils ! L'accusation n'avait, en général, pas besoin de preuves, car les inculpés ont avoué d'avoir été et d'être membres de la Ligue. Je ne serais point du tout surpris que cette presse en France écrivît à présent que ces aveux ont été extorqués par des menaces, et je serais fâché que les défenseurs mêmes élevassent un semblable soupçon. On a rendu aux inculpés un mauvais service par ces suspicions. Si la Ligue des Patriotes nie qu'elle aille chercher des membres en Alsace-Lorraine, il faut cependant reconnaître dans les cercles de la Ligue, qu'il n'est pas permis de venir chercher des membres en Allemagne.

Supposez que la guerre elle-même eût été malheureuse pour l'Allemagne et que les Français eussent gagné tout le bord droit du Rhin. Supposez encore qu'une Société de patriotes allemands eût été fondée pour reconquérir, les armes à la main, le pays perdu pour l'Allemagne; et qu'alors, dans les provinces devenues françaises, un certain nombre de personnes y eussent pris part, comment aurait-on fait en France, et comment aurait-on agi vis-à-vis de ces brigues ? — Il est vrai qu'on dira que, si deux hommes font la même chose, ce n'est pourtant pas la même chose.

Avant de m'occuper de la question du fait, je crois nécessaire d'éclairer un certain point.

On peut poser la question : Le Code pénal contient-il des ordonnances, suivant lesquelles sont punissables ceux qui, par la quête de contributions, prennent part à une Société ou Ligue étrangère qui a pour but de ramener l'Alsace-Lorraine à la France ?

Je ne dis pas que le Code pénal ne vaudrait pas le papier sur lequel il est imprimé s'il ne contenait pas de ces ordonnances, mais ce que je veux dire c'est que, par suite d'une telle lacune, l'existence de l'empire d'Allemagne serait mise en question.

Comme je crois la question du fait assez éclairée, je passe de ce pas à la question de droit.

Les inculpés sont incriminés d'avoir commis des actions préparatives pour la haute trahison, et d'avoir participé à une Société ou Ligue qui a pour but la haute trahison.

Le Code pénal ne punit que la tentative, qui est le commencement pour l'exécution de l'action punissable. On sait que les ordonnances sur les limites entre la tentative et la préparation ont été discutables; dans le cas actuel, cela n'entre pas en considération, puisque le paragraphe traitant de haute trahison menace de punition déjà l'action préparative.

Le paragraphe 82 détermine : Comme une entreprise, par laquelle le crime de haute trahison est accompli, est regardée toute action par laquelle le projet doit être exécuté immédiatement.

Ensuite il entre en considération :

Le paragraphe 86 : Tout autre action préparant une entreprise de haute trahison est punie de la peine de réclusion, etc.

Une définition des actions préparant la haute trahison n'est pas donnée à notre regret, mais le Tribunal suprême a malheureusement déjà souvent eu l'occasion de s'occuper de procès de haute trahison. Les arrêts du *Reichs-*

gericht sont invariables, et le Tribunal suprême n'a pas occasion d'en départir. Si je récapitule maintenant des décisions antérieures, ce n'est pas pour les remettre en mémoire au Tribunal, cela ne me conviendrait point, ce n'est que dans l'intérêt de la défense. Il faut savoir qu'une partie de ces décisions n'a pas été publiée imprimée.

Dans le procès contre Bruder et ses complices, le *Reichsgericht* est entré très profondément dans cette question. Il avait été objecté par la défense : « Ce qu'on fait valoir ici, ne sont que des préparatifs pour la préparation ». Le *Reichsgericht* a répondu alors, que rien ne s'opposait à considérer les préparatifs pour la préparation comme des actions de haute trahison ; qu'en effet il était nécessaire que le délit fût *déterminé*. Mais, dira-t-on, alors il faudrait aussi condamner le père qui élève ses enfants dans ces idées ! Certainement non, car ce n'est pas un crime *dé-*

terminé. Mais ici nous n'avons pas affaire à des pères, mais à une grande Ligue politique qui fait des préparatifs pour une guerre contre l'Allemagne.

Dans le procès contre Skupin, une action préparative pour la haute trahison a été reconnue dans le fait que l'inculpé a *voulu* remettre à la poste un paquet qui devait servir dans ce but indigne ; cela n'a pas été jusqu'à l'exécution. Puis, un certain Drobner a été condamné pour le même crime. On a reconnu dans l'impression d'un seul placard d'une teneur de haute trahison, une action préparant ce crime épouvantable.

Je crois que, sur le fondement de ces maximes, il faudra accepter que celui qui s'allie à une Société avançant la haute trahison, se rend coupable de haute trahison,

On ira dire qu'une guerre entre l'Allemagne et la France est un moyen loyal pour accommoder les différends mutuels. Vrai ! si, ce que Dieu ne veuille ! une guerre naissait entre la France et l'Allemagne, les prisonniers de l'une et de l'autre part ne seraient pas traités, en vérité, comme criminels de haute trahison, ou de traîtres à leurs pays. Mais cela serait tout autrement, si entre nos mains tombaient des prisonniers qui ne fussent pas Français ; ceux-ci seraient punis de la peine de réclusion perpétuelle, ou de la mort.

L'accusation ne forme nul reproche contre le gouvernement français ; nous n'avons pas affaire à une entreprise qui soit couverte par l'autorité du gouvernement français ; les moteurs ne sont pas pourvus d'un plein pouvoir du gouvernement français.

Les inculpés ont agi en concurrence avec la Ligue des Patriotes. Admettons que la Ligue ne pourra faire la guerre avec ses Sociétés de gymnastique, etc. L'accusation prétend, néanmoins, que la Ligue a pour fin que la pression générale pût arriver à causer une guerre contre l'Allemagne, en un mot, l'attiser.

Si les inculpés sont coupables de s'être affiliés à une Société secrète, cela n'est pas d'importance et encore non douteux. Le paragraphe 128 dit : « La participation dans une association dont l'existence, etc. » Il lit le paragraphe.

Or, mon opinion n'est pas tout d'abord que cela ne doit se rapporter qu'à des Associations *de notre pays*. Je ne vois pas pourquoi les Associations étrangères ne doivent pas en être frappées également. (Il traite cette matière plus amplement). Il ne s'agit d'autre chose que l'*état de membre* doit être tenu secrètement. Sous « gouvernement d'Etat », je n'entends pas le gouvernement français, mais le gouvernement allemand.

Le *Reichsgericht* a déjà eu l'occasion de s'en occuper : Il s'agissait de l'Association internationale des ouvriers. Des sujets allemands vivant à l'étranger s'étaient affiliés à cette Association, et, après leur retour, ils étaient restés membres de l'Association ; ils ont été acquittés. Puisqu'ils ne pouvaient en rester membres en Prusse, etc., on a dit qu'ils n'étaient pas non plus coupables.

Le *Reichsgericht* a cassé cette sentence puisque, si les tendances de l'Association se tournaient contre notre pays, l'indigène qui s'y est affilié et est resté membre est aussi coupable ; et que l'état de membre passif suffit pour cela. Le *Reichsgericht* les a condamnés aussi pour participation dans une Association secrète. Il est vrai que l'Association internationale n'est pas un secret, mais l'existence de ses membres *dans notre pays* est un secret !

Passons à l'historique ! Ce n'est qu'à grands traits que je vais récapituler les points essentiels. Qu'est-ce que la Ligue des Patriotes ? Une Union — une Société, une Association ; elle a été fondée le

12 mai 1882, il y a cinq ans de ça. Je ne crois guère qu'il réponde aux souhaits des inculpés, mais on pourrait bien être engagé à exposer : que la Ligue des Patriotes et ses fondateurs ne doivent pas être pris au sérieux. Je ne saurais me ranger de cet avis. Quand même je n'ajoute pas à la Ligue ni à ses chefs l'importance qu'ils se donnent à eux-mêmes, l'empire d'Allemagne a cependant sujet de les prendre au sérieux. Henri Martin, un grand savant, a été le premier président de la Ligue. Anatole de La Forge, encore un personnage de distinction, a été son successeur. Le successeur de ce dernier a été l'écrivain Déroulède. Je suis bien loin de le décrier ; il est jugé très différemment. Je ne méconnais point qu'il *a été* l'idée de revanche personnifiée, et qu'il l'*est* peut-être encore aujourd'hui.

Le président actuel, Sansbœuf, ne peut pas prétendre à une grande importance.

Qu'est-ce qui a été la cause de la fondation de la Ligue ? En 1882, douze années s'étaient écoulées depuis la guerre, un temps assez long pour, sinon bannir les cris de revanche, du moins les rendre plus faibles. Des voix se sont fait entendre en France, qu'il n'était cependant pas impossible de vivre en bonnes relations avec l'Allemagne, malgré la perte de l'Alsace-Lorraine. Déroulède leur a répondu : Certainement, il faut chercher des relations avec l'Allemagne, mais seulement *par les armes !*

On a voulu réveiller ceux qui dormaient. L'idée de fondation de Déroulède présente un intérêt particulier. Je n'en citerai qu'un seul point : « Des hommes qui ont ce bon vouloir sont là ces mille petits ruisseaux, etc. (Il lit le passage relatif, que nous avons déjà donné au large.)

Déroulède eût pu ajouter que ce fleuve a en Alsace, peut-être à Markirchen et à Mulhouse, de grands affluents qui trouveraient leur embouchure dans le fleuve que, dans les Cercles de la Ligue, on a coutume de considérer comme la frontière naturelle entre la France et l'Allemagne, dans le Rhin !

L'orateur passe ensuite aux statuts. Là il est dit, entre autres choses : « Les sommes sont à distribuer, après l'achèvement de l'œuvre, aux survivants des membres. » *De quels* membres ? De ceux qui ont péri dans la bataille ! Les statuts disent encore : « que le chemin de la Ligue mène à travers des champs de bataille. » — Je n'ai rien à y ajouter.

L'orateur passe ensuite aux médailles que la Ligue a fait frapper pour ses membres, pour répéter à la fin : « J'ai déjà dit que par le chant, la gymnastique et le tir l'Alsace-Lorraine ne pourra être regagnée, mais les membres de la Ligue forment un matériel de guerre approprié. »

Si, par exemple, une Société de choral anarchiste était fondée où les ouvriers fussent excités par des chants, des mots, etc., j'accepte et je confirme, qu'il faut y voir des préparatifs pour la haute trahison. Ils n'ont pas chanté des chants d'amour ni des cantiques dans la Ligue des Patriotes, mais *les chants de guerre et de revanche de M. Déroulède; ces chants sont appropriés à attirer la guerre!*

Voilà pour l'historique en général. Je passerai maintenant aux fondements de l'accusation contre les inculpés séparés. J'attache de l'importance au fait, qu'ils ont contribué *de l'argent*; par là ils ont participé aux fins de la Ligue. Ils ont avoué d'en être membres. La seule question est, si, en devenant membres, ils en ont connu les fins. Je sépare l'inculpé *Humbert;* j'accepte qu'il a été peu clairvoyant sur les buts de la Ligue. J'accepte, à la vérité, qu'il possède une assez grande quantité d'intelligence pour pouvoir le rendre responsable judiciairement, mais cependant ses facultés perspectives sont limitées. J'accepte que, lorsqu'il a payé en 1883 les vingt francs à Paris, il ne s'est pas rendu compte de ce que sont les fins de la Ligue. Hier, il a même avoué qu'il a contribué trois fois! J'ajoute foi à l'inculpé. Il a dit que le Prince Hohenlohe étant un homme sévère, il avait cru à propos de se retirer. En juge je ne condamnerais *point* l'inculpé. peut-être est-il coupable de la participation dans une Société secrète — aussi, dans ce cas, ses idées n'étaient pas claires ; il ne possède pas de quoi être criminel de haute trahison. De même pour l'inculpé *Freund.* Je n'ai pas la conviction de son innocence; il s'est défendu très adroitement; il a dit qu'il était intéressé seulement aux médailles. Il n'y a d'autre charge contre lui que la possession d'une carte de membre de 1883. Il ne l'a pas obtenue sous connaissance des fins de la Ligue ; il n'avait pas même coupé la brochure.

Le père et le fils ont été opposés l'un à l'autre ; je ne leur en faits pas de reproche, chacun cherche à décharger l'autre. Le père a inventé l'histoire de la médaille. Il se dit *ami* des Allemands, mais il a été contredit en cela. Il dit, qu'il a entretenu de bonnes relations avec l'administration du chemin de fer; mais il n'est plus en contact avec elle. Cependant, le résultat total a été tellement en sa faveur, que je ne me vois pas en état de prononcer contre lui le mot coupable !

Restent les six inculpés ! Je n'accepte point qu'en 1884 les fins de la Ligue aient été connues universellement; mais qu'en Alsace et dans les cercles auxquels appartiennent les inculpés il existe l'effort de s'informer sur les Sociétés en France, ne permet aucun doute; et, s'ils sont devenus membres, j'accepte qu'ils se sont trouvés informés des fins de la Ligue.

M. Kœchlin a avoué d'abord sa connaissance des fins de la Ligue. Il est vrai qu'il a aussi dit qu'il ne les approuvait pas. Mais quand je m'affilie à une Société, je me soumets aussi à ses ordonnances. Aussi prétend-il n'avoir pas cru la médaille dangereuse. Il parle d'une défense de la part de la Ligue. Qu'est-ce qu'elle a donc à défendre? L'Alsace-Lorraine? Ces provinces sont entre les mains des Allemands. — La France? A quoi bon les Alsaciens-Lorrains pour cela? Mais Kœchlin a aussi parlé d'une solution amiable qui a excité l'hilarité. Il s'agissait que l'Allemagne vendrait les provinces de l'empire. Est-ce que Kœchlin n'a point de sentiment pour l'injure qu'il nous a faite par ces mots? *Blech* aussi, je le crois absolument coupable. Je ne lui fait pas de reproche de son commerce avec Gambetta. Mais quant aux fins de la Ligue, il les a certainement connues, et il n'a certes cru à d'autre moyen qu'aux armes. *Schiffmacher* et *Trapp* ont avoué avoir quêté et avoir connu les fins de la Ligue. *Jordan* aussi ne peut avoir eu de doute; il est vrai que lui, comme Schiffmacher, a été séduit par des agents de la Ligue. Je veux convenir que plus tard l'affaire lui a paru périlleuse. En tout cas, il s'est affilié sous connaissance des fins. *Reybel* aussi a été séduit par un agent; mais la lettre, posée devant le tribunal, prouve suffisamment ses sentiments hostiles contre les Allemands, et montre sa sympathie avec les fins de la Ligue.

J'ai encore à me prononcer sur la hauteur de la peine. Je ne saurais reconnaître l'existence des circonstances atténuantes. Celles-ci pourraient exister, si les inculpés, provoqués par une mauvaise administration de l'Alsace-Lorraine, eussent voulu mettre fin à l'esclavage. Mais ce n'était pas le cas; au contraire, on a poursuivi la politique de la conciliation; on a fait tout le possible pour gagner les cœurs. Il n'y avait donc point de motif pour conspirer. Si nous excluons les circonstances atténuantes, le juge a le choix entre la maison de force et la forteresse; la première n'est admissible qu'en vue des sentiments infâmes. Dans mon expression sur les sentiments je sépare le Français Kœchlin et le Suisse Jordan. Au reste, je crois qu'en rapport au droit entre la maison de force et la forteresse, le législateur n'a pas voulu dire que celui qui tue un prince à la Confédération allemande, qui fait la haute trahison, etc., ait pour lui la supposition de sentiments honorables, comme par exemple le duelliste; que cependant les uns ou les autres des malfaiteurs peuvent être des sujets infâmes. La proportion est inverse dans des cas très rares seulement, on pourra accepter dans un malfaiteur encore des sentiments honorables.

Le paragraphe 87, parlant d'un Allemand qui a incité un gouvernement étranger à faire la guerre contre la patrie, fixe *seulement* la maison de force. Si les inculpés s'étaient adressés au gouvernement français, ils seraient tombés irrévocablement sous le paragraphe 87, savoir sous la peine de maison de force. Mais le cas est-il beaucoup différent ici? Est-ce plus honorable, s'ils se mêlent d'une ligue qui a pour but la guerre, et qu'ils croyaient assez forte pour atteindre ce but?

Blech a prêté serment de fidélité à l'empereur, et il a manqué à ce serment, en se liant avec une Société qui a pour fin d'arracher une province à l'empereur. Il a dit antérieurement: Ce que j'ai juré, je l'ai tenu, j'ai travaillé honnêtement pour l'Alsace-Lorraine. Il paraît s'être fait une restriction mentale. Est-ce honorable? Schiffmacher et Trapp ont séduit d'autres personnes. Le premier est, au surplus, soldat allemand de la *landwehr*. Chez Reybel aussi on ne pourra se prononcer pour détention dans une forteresse. Je fais la motion de condamner: 1° Kœchlin à deux ans de forteresse; 2° Blech à trois ans de maison de force; 3° Schiffmacher à deux ans et six mois de maison de force; 4° Trapp à deux ans de maison de force; 5° Jordan à un an et six mois de forteresse; 6° Reybel à deux ans de maison de force. Quant à Freund et à Humbert, je fais la motion de les acquitter.

M. l'avocat *Zehme* réplique le premier :

« Je remercie tout d'abord M. le procureur général des informations qu'il nous a données sur les arrêts du *Reichsgericht*, mais je ne saurais les accepter, puisque dans ce cas ils ne sont pas d'importance essentielle. Je n'examinerai pas, s'il s'agit d'une détermination de l'entreprise, ou d'une action préparative. Un autre point me paraît important : Partout on est d'accord que la Ligue des Patriotes n'a pas voulu faire elle-même la guerre. D'après l'accusation, la fin de la Ligue est de tenir l'idée de revanche éveillée, d'attiser la guerre, pour regagner par là l'Alsace-Lorraine. La Ligue a donc voulu déterminer un autre facteur à la guerre, savoir : seulement le gouvernement français. Est-ce que les inculpés se rendent coupables de haute trahison pour cela ? Non, plutôt de trahison du pays, du crime contre le paragraphe 87. Mais ici la loi ne connaît pas de punition pour des actions préparatives, et il n'est question que de celles-ci. C'est de ce point de vue que je ferai la défense de M. Kœchlin. Il est prouvé qu'il a appartenu à la Ligue dès 1884, lors du temps que les anciens statuts étaient encore en vigueur. A Mulhouse, il a fait payer les contributions qui se faisaient à Paris, sans mandat spécial. Dans son domicile, il n'a déployé aucune agitation politique. Sur le fait objectif il n'y a aucun doute. Mais connaissait-il les fins, et comment les a-t-il saisies ?

Le but était : de développer les facultés morales et physiques de la jeunesse française et de lier ensemble touts les patriotes par un lien fraternel. Que les nouveaux statuts existaient déjà, est une acception sans preuve ; elle est même contredite par plusieurs autres indications des nouveaux statuts (par exemple par rapport aux contributions). M. Kœchlin est donc entré sur la foi du premier statut, dont il pouvait prendre le but pour un but licite et salutaire dans tous les rapports. La deuxième édition du statut présente plus de difficulté. Il n'y est cependant pas non plus question de violence, mais l'accusation en revendique le caractère agressif par les propos des orateurs de la Ligue et des articles des feuilles de revanche. Pourtant, si l'on prend la Ligue au sérieux, il ne faut rendre ses membres responsables des discours de banquets de MM. Paul Déroulède et Leser. Ces derniers font affaires du patriotisme et veulent en tirer profit pour eux-mêmes, à n'en pas douter. Ils ont voulu atteindre un renom, c'est pourquoi ils devaient excéder dans leurs propos. L'image du navire porté au delà des Vosges n'est qu'une insipidité poétique. Déroulède et Leser sont du nombre des esprit littéraires exaltés, comme il y en a partout, aussi en Allemagne. Il n'y a pas longtemps, on a publié une brochure sur la configuration des frontières de l'empire au Sud et à l'Ouest après la première guerre prochaine à laquelle procède de la même manière comme Déroulède et Leser. Les hommes paisibles, comme M. Kœchlin, jugent de la Ligue tout différemment. La possibilité que la France soit attaquée de quelque côté, est donnée ; on pouvait donc bien penser à une guerre défensive. La Ligue a eu aussi, en effet, des présidents qui ne poursuivaient pas les tendances de Déroulède, et ceux-là ont aussi dû céder le pas.

On doit se garder de dire sans plus de façons : Les articles de Déroulède caractérisent les membres de la Ligue. Encore les chefs de la Ligue peuvent-ils avoir pour fin la guerre, cela ne change rien au but propre de la Société, la fondation et le développement des Sociétés de gymnastique, etc. M. le procureur général de l'empire a dit : Quand un père élève son fils dans des sentiments anarchistes, il n'est pas encore donné une action préparative ! Ici la chose est semblable : la Ligue élève, sa fin est peut-être la conquête des provinces de l'empire. Mais que le but de Ligue est proprement dit la fondation de ces Sociétés, c'est ce qui est prouvé par le compte rendu qui a été lu. Un grand nombre de Français, et particulièrement M. Kœchlin, regardent cela pour le seul but. Dans ce point de vue, M. Kœchlin est entré dans la Ligue, sans se soucier de plus près des fins de ses chefs.

Je reviens maintenant à la question :

Quelle est la fin de la Ligue ? M. le procureur général de l'empire se rapporte au témoin M. Munzinger. Moi aussi. D'après son exposition, elle aurait été, dès le commencement, d'attirer la guerre contre l'Allemagne pour regagner l'Alsace-Lorraine.

Le gouvernement français devrait donc y être poussé. Mais, est-ce que l'agitation pour la guerre est haute trahison ? Jamais. Elle ne peut être qu'un délit contre le paragraphe 87. Ce serait un mouvement semblable à celui que nous avons vu chez nous avant l'annexion de Schleswig-Holstein. Je n'attache point d'importance à ce que M. Kœchlin a dit dans l'instruction préliminaire, qu'il a connu le but de la Ligue. Je veux revenir encore sur un point, à l'acquisition amiable. Je crois que M. Kœchlin n'a pas donné une entière expression à son idée, idée fort répandue en France. On espère en France généralement en un retour de l'Alsace-Lorraine, sans cependant se le figurer par suite d'une guerre. Les derniers trente ans ont apporté tant de surprises politiques qu'on espère d'une surprise future la possession de l'Alsace-Lorraine. N'avons-nous pas en Prusse un parti des Guelphes (*Welfenpartei*) qui ne veut ni haute trahison ni trahison du pays, mais qui espère en l'accomplissement de ses souhaits par la transformation de la situation politique ? Et, parmi eux, il y a des gens d'un fort bon jugement.

Ce parti aussi est bien organisé; il se montre sur la scène dans les élections et produit des candidats qui sont « Guelphes ». Si au cœur de l'Allemagne il reste dans un parti de ces souhaits, on comprendra que dans le cœur d'un Français peuvent vivre de pareilles espérances.

Jusqu'à la fin de 1884, M. Kœchlin a vécu à Paris, et c'était donc en France qu'il s'est affilié à la Ligue. En cela, l'accusation ne verra certes pas une préparation pour la haute trahison. D'après le paragraphe 4 du Code pénal il ne pourra pas être puni, à mon avis. Cependant j'accepte que son activité en Allemagne doit être punie. Mais qu'est-ce qu'il a fait ici ? Voilà une question difficile à répondre, car nous savons beaucoup mieux ce qu'il n'a pas fait. Il a permis, sans contredire, qu'on a payé pour lui à Paris le montant de cinq francs. Il n'a pas commis d'action de haute trahison en Allemagne ; il n'a seulement pas cessé d'être membre. Et certes on ne reconnaîtra pas non plus une action illicite. Les mêmes considérations prennent certainement aussi place par rapport au paragraphe 128 du Code pénal. Avant 1884, il n'est pas coupable, il est donc question, s'il est devenu coupable pour n'avoir pas annoncé sa sortie. Je ne crois pas. La Ligue, comme telle, n'existe pas en Alsace-Lorraine; il n'y a eu que soixante-deux membres qui ne se connaissaient point. La participation dans une Société étrangère peut bien être punissable, mais seulement pour un Allemand, ce que M. Kœchlin n'est pas. Je demande l'acquittement de l'inculpé.

M. le Procureur général de l'empire. — Il pourrait être douteux que Kœchlin fût à punir, s'il n'était devenu et qu'il ne fût resté membre qu'en France. Mais ce n'est pas l'objet de l'accusation. Kœchlin est seulement poursuivi parce qu'il a quêté des contributions dans l'empire d'Allemagne. Il n'est pas resté membre passif dans cela. Ensuite je fais remarquer qu'il me semble presque que la Ligue a voulu céler la réception d'Allemands aussi au gouvernement français. Si l'on parle d'une reprise à l'amiable de l'Alsace-Lorraine, je n'y ajoute pas foi. Au cas que les Guelphes formassent *également* une Ligue des Patriotes, je les poursuivrai aussi pour crime de haute trahison.

M. l'avocat Munckel. — Je commence par les sentiments. Les inculpés sont Allemands par traité, mais de naissance et d'écutain ils sont Français. Lors du traité de la paix, M. Blech avait cinquante-cinq ans, et dans un âge aussi avancé on ne change plus d'opinion. C'est pourquoi les sentiments ne pouvaient pas tout d'un coup être allemands. Jusqu'en 1870, le sentiment qui l'a mené aujourd'hui sur le banc des inculpés était du patriotisme. Je ne crois pas que ces sentiments honorables auparavant sont devenus à présent tout le contraire. Par le serment, l'inculpé n'a pas non plus soumis ses sentiments à l'empereur, et, en tout cas, il ne croyait pas être obligé de renoncer, par suite de son emploi, à ses sympathies pour la France. Il est bien désirable que dans les parties françaises des citoyens prennent également part à l'autonomie.

M. le procureur général de l'empire a

ouvert la perspective d'une issue inverse de la guerre. Ce n'eût pas été un Allemand qui, dans un cas inverse, si les Allemands étaient en instruction judiciaire en France, croyait leurs actions infâmes. Je puis aussi retourner à 1807 : l'action de Schill était contraire à la loi, et chacun de nous le croit homme d'honneur. La convention de Fauroggen était contraire aux traités des États, et pourtant nous la croyons un fait héroïque. Nous avons aussi écouté les discours de Fichte adressés à la nation allemande, mais notre langage est devenu tout différent. Chez Déroulède nous pouvons bien déduire la moitié comme exagération.

Je ne me réjouis pas en entendant qu'il nous faut une protection toute particulière contre la Ligue des Patriotes. Je veux accepter pour le moment que la Ligue ne voulait autre chose que la guerre. Les fondateurs de la Ligue peuvent avoir su que l'Alsace-Lorraine ne peut être regagnée d'une autre manière. C'est ce que tous les membres peuvent avoir su. Mais je crois tout cela impossible en Allemagne, car certes personne ne s'imaginera que la Ligue elle-même veuille marcher contre nous. Qu'une nouvelle guerre éclaterait, ce n'était pas l'intention de personnes séparées, c'était une nécessité historique avec laquelle on compte aussi chez nous. Or, le Français est permis d'attirer la guerre contre nous, mais naturellement point l'Allemand. Ce qui était permis au Français dans les rangs des Liguistes pouvait devenir chez les Allemands trahison du pays, mais jamais haute trahison. Mais les inculpés se sont seulement trouvés dans le stade de préparation qui n'est pas punissable avec la trahison du pays. Qu'on pense, en même temps, de la Ligue comme on voudra. Le fait du paragraphe 86, je ne le trouve rempli en aucune manière. Il se peut bien que dans la seule fabrication d'une brochure soit contenu un préparatif pour la haute trahison, comme M. le procureur général de l'empire dit. Mais il nous faut pour cela une entreprise déterminée. Si nous formions ici une Société qui voudrait conquérir la Franche-Comté, sans que nous fussions éclairés sur la voie, serait-ce aussi déjà alors trahison du pays contre la France? La Ligue veut opérer en rendant les différentes Sociétés vigoureuses. Quelle que soit la puissance du chant, par exemple, aussi dans les rapports militaires, le renforcement de ces aspirations n'a pas de pointe hostile, tant qu'elle ne sort pas de sa gaine. Est-ce que les moyens amiables que les Français veulent, employés comme on dit, sont tout à fait impossibles? J'ai été réjoui en entendant le rire à l'occasion de cette proposition; mais n' vons-nous pas été nous-mêmes la caus , autrefois, si l'on n'a pas bonne opinion de nous à l'étranger? Et quels changements politiques ne se sont-ils pas opérés dans les derniers temps! La Russie a obtenu de nouveau et sans guerre la libre navigation sur la mer Noire, et le traité de San Stefano est revu. Donc, aussi les Français peuvent concevoir l'idée d'une revision du traité de Francfort.

Les Liguistes ne peuvent donc pas être rendus responsables pour les actions de quelques brailleurs; les statuts seuls et l'assemblée générale expriment l'opinion de la Ligue. Si, en 1885, le statut a été changé, nous pouvons y ajouter foi, et nous n'avons pas besoin de prendre le premier statut pour une supposition en faveur des Alsaciens-Lorrains. Qu'il vienne une guerre, nous le savons tous, c'est que le prince Bismarck a dit lui-même ; mais tant qu'elle n'est pas venue, je puis avoir de la sympathie pour l'autre pays, sans commettre un délit.

Maintenant encore la position des inculpés séparés. M. Blech est un homme aisé. Il est important de constater que la contribution qu'il a payée n'avait pas de conséquence pour lui. Messieurs ! en souscrivant en 1882, il n'a pas lu le statut, ce dernier a été fait seulement en 1883; qu'il l'ait lu plus tard n'a pas été constaté. Qui peut lui prouver qu'il a jamais entendu lire ou qu'il a lu les statuts ? Messieurs ! qui est-cequi lit en général, des statuts; la lecture en est ennuyeuse; nous recevons chaque année un grand nombre de comptes et de statuts que nous ne lisons *point*. Or, on dit que lui, homme d'éducation qui a lu le *Drapeau*, a dû être informé des fins de la Ligue. En cela, M. le procureur général de l'empire surcharge certes la Ligue et M. Déroulède. La Ligue n'a jamais été en France d'une importance telle que tout homme bien élevé devait être informé de ses buts. La vie publique et la littérature de la France comprend plus que M. Déroulède !

On a trouvé chez lui une carte de membre de l'année 1886, — il ignorait en posséder une ; ce n'était pour lui que la quittance pour la contribution qu'il avait payée. M. Blech a donné dix mille francs pour le monument de Gambetta. Or, s'il avait en effet des sentiments aussi français que n'eût-il pas donné s'il avait su qu'il s'agissait de la reprise de l'Alsace-Lorraine pour la France! Il eût certes donné alors une somme tout autre, que soixante francs tout compris!

Mais s'il n'a pas connu les buts de la Ligue, l'accusation contre lui est caduque, de même que la sous-accusation qui se dirige sur la participation dans une Société secrète. Comment l'inculpé pouvait lire, dans la carte de membre, que les fins de la Ligue devaient être *secrètes* au gouvernement allemand, surtout quand il a peut-être appris qu'il y a beaucoup de membres de la Ligue en Alsace-Lorraine ?

M. le Procureur général de l'empire. — En ce qui regarde cette question, s'il était à reconnaître contre Blech sur maison de force ou sur détention dans une forteresse, j'ai dit moi-même que j'avais des doutes sur cela. J'ai cru devoir faire la motion pour la maison de force, d'abord parce que Blech a manqué à son serment, et puis, parce que, d'après la définition du paragraphe 87, n'est plus considéré comme honorable, celui qui a trahi sa patrie, qui a pris part à des actions de haute trahison. (Blech est sujet allemand.)

M. l'Avocat Dr Luden (défenseur de Jordan). — Mon client occupe comme Suisse français une position particulière. Comme viennent de démontrer mes collègues Zehme et Muncket, les inculpés ne peuvent pas être rendus responsables de cet article dans le *Drapeau*. On ne doit pas oublier qu'en France on est d'avis que les Français sont menacés d'une guerre de la part de l'Allemagne J'ai maintenant acquis la conviction, que Déroulède et les autres chefs de la Ligue sont d'opinion que le temps pour la guerre n'est pas encore venu. Si un étranger, et M. Jordan est étranger, prend part à des Associations, etc., il est punissable d'après le paragraphe 912 du Code pénal; il n'y a point ici de lacune, comme M. le procureur général de l'empire l'a dit. Pour lui, l'affaire est beaucoup plus favorable que pour les inculpés Blech, Kœchlin, etc. M. Jordan a reçu les statuts et la médaille et on le dit, par conséquent, membre; on dit que son nom s'est trouvé enregistré dans la liste. Dans la lettre du 31 août 1884, Baur lui communique qu'il s'est permis de joindre une liste, etc., etc. ;— il n'en avait pas du tout été question ! M. Jordan s'en est étonné et a répondu qu'il ne pouvait se mêler de cela. Or, il a écrit cela sans être en possession des statuts de la Ligue. On l'a apaisé et rassuré de Paris, et lorsque, trois semaines après, les pièces sont arrivées, il les a laissées dans un coin, sans les dépaqueter et sans les lire.

Je suis donc d'avis qu'on ne peut nullement dire de M. Jordan qu'il a été membre de la Ligue; les premières suppositions que Baur lui a dites, qu'il ne s'agissait que des Sociétés de gymnastique, étant entièrement fausses. En outre, M. Jordan est Suisse ; pour cette raison même, il ne pouvait point devenir membre de la Ligue des Patriotes, car il n'est dit nulle part dans les statuts que les Suisses peuvent égalemment s'y affilier. Je fais de plus la motion de lui accorder, au cas qu'il fût condamné, des circonstances atténuantes. En tout cas, il a été séduit par Baur de se faire membre d'une manière impardonnable. Aussi est-il trop indifférent quant à la politique — nous connaissons les Suisses — pour devenir en effet membre de la Ligue. (Ici, le président fait une pause de vingt minutes).

M. l'Avocat Freytag (pour l'inculpé Schiffmacher). — Nous croyons ne pouvoir pas employer le paragraphe

128, aussi peu que le paragraphe qui se rapporte à la préparation pour la haute trahison. Les efforts de la Ligue peuvent tout au plus avoir pour comble, qu'ils pourraient mener au gouvernement des personnes qui commenceraient la guerre, mais non pour la commencer elle-même. C'est pourquoi le paragraphe 86 doit aussi être retranché. Une cause citée antérieurement par le procureur général de l'empire n'a pas de place ici. L'accusation s'en est aussi rapportée que Bollecker avait dit qu'il ne donnait point d'argent pour la guerre. Aucun membre n'a donné, en vérité, de l'argent pour la guerre, et toutes les contributions n'ont pas été réservées pour une guerre, mais ont servi à faire la de propagande.

Moi aussi, je dois poser encore une fois la question : Quelle était la fin de la Ligue ? Il n'est pas possible de fixer définitivement cette fin, comme elle a été considérée par tous les membres.

Déroulède, Humbert, Leser et Freund en auront sûrement eu des vues toutes différentes. L'agitation de mon client remonte à l'année 1883, et les interprétations des membres actuels éminents sur les fins de la Ligue, ne doivent pas être comprises comme réagissant sur l'opinion de l'inculpé, lorsqu'il s'est affilié. Si l'on part du fait, que l'inculpé ne connaissait pas clairement les fins à son entrée, on ne pourra point accepter qu'il était du nombre de ceux qui, plus tard, ont pris justement la guerre pour la fin de la Ligue. Il faut relever que l'inculpé n'a pas reçu de statut et qu'il n'a pas payé de contribution régulière ; qu'il n'a donc pas appartenu lui-même à la Ligue. On veut cependant que l'inculpé mérite une peine plus sévère pour avoir séduit Trapp. Mais il devait prendre pour vérité la déclaration de Trapp de vouloir, lui-même, tenir une liste, et il voulait se débarrasser à cette occasion de sa liste.

Pour mon inculpé aussi, il est défavorable qu'il a prêté serment à l'empereur. Je ne saurais méconnaître l'importance morale de ce fait. Cependant, si l'inculpé n'eût point eu, de son temps, l'inclination de prêter ce serment, qu'est-ce qu'il serait arrivé alors ? Il aurait sûrement été puni, et on lui aurait infligé de dures peines de liberté. C'est ce qu'il faut considérer dans cette affaire. Puis, il faut prendre en considération que l'agitation de Schiffmacher pour la Ligue a été fort peu considérable.

Son délit, qui est provenu d'une relation mercantile de sa femme avec un voyageur, a été la suite d'une grande imprudence ; mais il paraît pardonnable, néanmoins.

Même quand la question de droit n'est pas décidée en faveur de la défense, la cause se trouve cependant tout près de la limite, et rien ne justifie la dure peine qui a été proposée. Je désire indiquer encore un autre moment, que la cause n'est pas si sérieuse. Les deux listes sont parvenues entre les mains de la police aux mois de juin et de décembre. Il s'est passé, en attendant, six mois avant qu'on a pris des contre-mesures; par conséquent, le danger pour l'empire d'Allemagne ne peut pas avoir été si grand. Des peines indulgentes seront réclamées partout au nom de l'humanité et avec joie.

M. le Procureur général de l'empire. — Les listes ont dû être rectifiées d'abord, cela répond de la longueur de l'intervalle. La citation des mots de Bollecker, parent du président actuel de la Ligue, je ne la crois point du tout hors de place. Si la Ligue a voulu atteindre à sa fin par la révolution, etc., c'est ce que je ne discuterai pas. Il eût été possible, si l'agitation eût pris de plus grandes dimensions.

M. le Dr Fels. — « Quant à la question de droit, je me rapporte à mes collègues. Si l'inculpé, en entrant dans la Ligue, a connu le but guerrier, cela est douteux; qu'il lui était encore affilié en 1886, n'est pas prouvé, M. le procureur général de l'empire lui-même n'a pas ajouté beaucoup d'importance à la liste. Chez l'inculpé on a trouvé seulement des reçus pour les années de 1883 et 1884. Le paragraphe des statuts se rapportant à la revision du traité de Francfort n'a été résolu qu'en 1885. Il s'agit donc de savoir si, à l'entrée de M. Trapp, la violence a déjà été la fin de la Ligue. Même si cela est le cas, suivant différentes déclarations de plusieurs membres, il n'est cependant pas prouvé que c'était le but de la Ligue en elle-même. La police allemande devait être informée depuis longtemps sur la Ligue, et cependant elle n'a relaté aucune poursuite, parce qu'elle n'a pas reconnu les statuts dangereux. L'inculpé n'a pas fait de secret de ses sentiments d'ami pour les Allemands. Je crois que l'inculpé doit être acquitté, puisque les faits ne sont pas entièrement prouvés. J'ai été surpris des peines prononcées ; je n'ai pas pensé du tout à la maison de force. En tout cas je fais la mention de circonstances atténuantes. Si la chose avait été découverte plus tôt, sous le gouverneur M. Manteuffel, il n'en serait rien arrivé. »

M. le Procureur général de l'empire. — « Je n'aurais certes pas demandé d'abord à M. Manteuffel la permission d'instruire le procès. »

M. l'avocat Ott. — En tirant les conséquences de la théorie de M. le procureur général de l'empire, on arrive simplement *ad absurdum*. Car, dans ce cas, chaque membre de la Chambre des députés de la France serait punissable d'après notre loi, et il serait poursuivi, s'il vient en Allemagne. Que serait le commencement du crime dont la préparation doit être punie ici ? La déclaration de la guerre. Mais celle-ci n'est pas un crime, donc elle ne peut pas être punie. L'idée de la Ligue des Patriotes n'est pas chose nouvelle. Même avant la guerre on a enseigné dans toutes les écoles de l'Allemagne, que l'Alsace est un pays allemand, et partout où nous sommes venus en Allemagne on nous a nommés « frères perdus » Quant un poète, comme Déroulède, parle autrement comme d'autres gens, cela n'entre pas en considération; le but de la Ligue restera toujours l'éducation patriotique de la jeunesse française.

Quant à M. Reybel, je n'accepte pas que cet homme timide, qui n'a jamais quitté son pays, soit pris pour un criminel de haute trahison. M. Reybel avait onze ans à la guerre, il est donc élevé comme Allemand. On pourrait donc être surpris de ses sentiments. Cependant, il y a aussi des moments de l'âge de garçon qui restent pour toujours dans la mémoire.

Il a dû assister au siège, se trouvait

dans la cave avec toute sa famille, malade de la fièvre nerveuse, tandis que sa sœur est morte dans la cave et qu'un boulet de canon a enlevée la tête à une de ses cousines. Ces sortes de souvenirs restent, et M. Reybel a donc dû être fort accessible aux enrôleurs. Dans une humeur excitée il a bien pu payer cinq francs. Enfin il n'est point devenu membre pour cela, car Gritzinger ne pouvait pas l'accueillir et M. Reybel n'a pris sur lui aucune obligation. La carte, il l'a reçue *en blanc*. La liste n'est autre chose qu'un extrait de la liste de payement. En général, toute la nomenclature y est ridicule. Tel peut être *membre fondateur*, qui n'a rien fondé du tout; M. le procureur général de l'empire a dit que mon client avait réussi à inventer l'histoire de la médaille. Non, ce n'est pas le cas; cette vue ne s'est formée que par suite de sa maladresse, de confusion, c'est un fait qu'il s'est procuré la médaille seulement par son intérêt pour elle. Il ne se trouve aucune contradiction dans les dépositions contre lui. Je vous rappelle comment il nous a décrit ici qu'il a été surpris que les médailles ne répondaient pas à son attente. Il n'a pas coupé non plus la brochure, comme M. le procureur général a dit. Je relève le fait, que M. Manteuffel n'a jamais exigé des habitants de se déclarer ouvertement sur leurs vues politiques; *jamais* on ne leur a demandé cela durant l'ère Manteuffel, non seulement demandé que les citoyens exprimassent par leur maintien paisible leur accord avec le gouvernement. Mais mon client a fait davantage: il est entré en relations d'affaires avec l'administration du chemin de fer; il a fait servir son fils en Allemagne comme volontaire d'un an, quoique M. Manteuffel n'en a pas voulu à un citoyen pour le contraire.

On ne m'a point encore demandé quelles étaient les propres pensées des *Alsaciens* sur la position de l'Allemagne : ils croient l'Allemagne un conglomérat qui tôt ou tard s'effondrera un jour. Ils n'ont donc point la ferme conviction de notre pouvoir politique ; de là s'explique aussi leur conduite, qui diffère peut être de la nôtre. (Il fait la motion d'acquitter l'inculpé.)

M l'avocat Strœver (pour Humbert). — Tribunal Suprême ! M. le procureur général de l'empire a déclaré qu'il n'est pas convaincu de la culpabilité de l'inculpé. Je ne parle que pour compléter les raisons de M. le procureur général de l'empire. M. Humbert est un homme âgé, infirme ; ce qu'il désire, c'est le repos, c'est la paix. Même à Metz l'opinion générale a été qu'on rendrait bien vite la liberté à M. Humbert, aussitôt après l'avoir connu. Dans son absence, le procureur général qui, *membre directeur*, n'a rien à diriger ? Et quels sont les droits des *membres adhérents* ? Il n'y en a pas. C'est tout comme si quelqu'un payait chez nous régulièrement pour une institution de bienfaisance. Si M. Reybel a payé pour la Ligue, c'est comme si un autre ne pouvait se débarrasser d'un commis-voyageur qui lui offrirait du vin, et dont il achèterait pour cela une petite bouteille.

La lettre déposée est défavorable pour l'inculpé. Je crois qu'il n'avait pour but que de donner une leçon aux Parisiens. Que ce brouillon doit lui rapporter deux ans de maison forcée, me paraît très injuste.

En tout cas je conteste l'infamie des actions. M. de Manteuffel a dit un jour : « Vos pensées sont libres, vous n'avez qu'à vous conformer à l'ordre établi. » Une autre fois il a dit, par ordre de Sa Majesté l'empereur d'Allemagne : « Je dois ménager des sentiments qui sont naturels par suite d'une séparation d'un pays comme la France. »

M. le procureur général réplique brièvement. Sur la signification des paroles de M. de Manteuffel s'engage un court débat. Reçoit la parole.

M. l'avocat Schott de Schottenstein. — Moi aussi j'ai à faire la motion d'acquitter l'inculpé quand même, par d'autres raisons que M. le procureur général de l'empire. Avant tout, il importe à l'inculpé de voir constater ici qu'il n'a pas fait de subterfuges, qu'il n'a pas été double. Je n'importunerais pas ici le tribunal suprême dont de meilleures g ns que moi parlent journellement, de mon plaidoyer, si je ne savais que j'entre dans la liste pour un innocent. Je suis moi-même Alsacien et moi, et avec moi mes compatriotes alsaciens, nous détestons, avec l'inculpé les fins de la Ligue; nous jugeons sacré contre quoi se tournent les efforts de la Ligue. Je ne crois nullement que M. le procureur général de l'empire cherche seulement à sauver ce qui est encore à sauver de l'accusation; mais je crois que M. le procureur général de l'empire ne peut entrer en esprit dans nos relations et notre situation autant que mes compatriotes, autant que moi qui vis en Alsace, entre dans sa maison comme cela s'entend de soi-même. Que fait M. Humbert ? il retourne chez lui et remet au procureur général tout ce qu'il cherchait. Il a convenu, en général, de plus qu'il ne lui fallait. Ici encore il a montré une conduite un peu bornée, et M. le procureur genéral de l'empire l'a même décrit comme demi-fou. Il n'est pas sorti de la Ligue de son temps parce qu'il y a été forcé, mais parce qu'il ne voulait avoir plus rien à faire avec la France.

M. le procureur général de l'empire Fessendorf. — Je ne veux que constater que le procureur général qui a conduit l'instruction, qui a fait les perquisitions domiciliaires, n'était pas moi. C'était le procureur général de Metz.

M. le Président de sénat Dreukman. — Quelqu'un des inculpés a-t-il encore à ajouter quelque chose ?

Tous les inculpés répondent négativement.

Publication de l'arrêt : Samedi à midi sonné.

A midi, la Cour entre dans la salle d'audience, et M. le président du Sénat Dreukmann lit le texte du jugement, puis, laissant s'apaiser le bruit et l'émotion du public, il fait connaître les motifs du jugement.

La Cour a condamné : 1° l'accusé Kœchlin-Claudon à un an de forteresse, dont quatre mois de prévention à déduire ; 2° l'accusé Blech, à deux ans de forteresse ; 3° l'accusé Schiffmacher, à deux ans de forteresse ; 4° l'accusé Trapp, à un an et demi de forteresse.

Par contre, la Cour a acquitté les accusés Jordan, Reybel, Freund et Humbert. Les jugements sont rendus pour actes préparatoires d'une entreprise de haute trahison en occurence de participation à une Société secrète. Tous les prévenus sont accusés d'avoir appartenus comme membres de la Ligue des Patriotes et avoir procuré des cotisations à celle-ci; par ce moyen, ils ont préparé une entreprise qualifiée de haute trahison, qui avait pour but de séparer l'Alsace-Lorraine du restant de l'empire. Les agissements et buts des accusés sont conséquemment identiques aux agissements et moyens employés par la Ligue des Patriotes, d'après l'acte d'accusation et le prononcé du jugement. Qu'est-ce que la Ligue des Patriotes et quel est son but?

Peu de temps après la guerre franco-allemande, on avait commencé, en France, à se réunir en Sociétés de tir et de gymnastique, etc.; de là surgit la Ligue des Patriotes, qui a été inaugurée le 18 mai 1882. Un des fondateurs principaux, Paul Déroulède, déclarait dans la séance d'ouverture que l'essentiel était que tous les Français devaient se réveiller et s'unir, les petits ruisseaux feraient une rivière, et, lorsque celle-ci serait assez forte, elle porterait toute seule le bateau de la Patrie de l'autre côté des Vosges. Pour arriver à ce but, on a créé la Ligue des Patriotes, un comité provisoire a été élu, le *Drapeau* a été désigné comme feuille de la Ligue, et celui-ci a publié, ensuite, un appel pour favoriser l'œuvre nationale de la reconstitution et de tous les patriotes. Le 25 mars 1883, on a distribué les premiers statuts de la Ligue des Patriotes, qui avaient, pour but, le relèvement de l'esprit national, la fondation et le secours des Sociétés qui favoriseraient ce but par l'éducation militaire. La fondation de plusieurs Sociétés, plusieurs fois débattues, a eu lieu ensuite ; on avait préparé des livres et des cartes pour poursuivre les buts de la Ligue.

Après, l'on a procédé au classement des membres en directeur, fondateur, associé et adhérent, et tous ceux, même les derniers mentionnés, avaient l'obligation, d'après les statuts, de contribuer par tous les moyens possibles au relèvement de la Patrie. L'organisation était complète le 30 avril 1885 ; une assemblée générale de la Ligue des Patriotes avait décidé que le but à poursuivre serait la suppression du traité de Francfort et la reprise de l'Alsace-Lorraine. Les membres doivent être instruits militairement pour rendre de bons services comme soldats, pour une prochaine guerre contre l'Allemagne, puisque ce ne serait que par les armes que la reprise pouvait avoir lieu.

La Cour dit ensuite qu'il faut repousser l'argument que la Ligue des Patriotes ne poursuivait qu'un seul but, celui de la défensive, car alors il serait difficile de prévoir comment la reprise de l'Alsace-Lorraine pourrait s'effectuer par une guerre défensive.

La médaille des membres de la Ligue,

les articles de Déroulède ne parlent-ils pas contre cette supposition ? Il est vrai que les statuts primitifs donnent comme but le relèvement de la France, mais cela ne signifie-t-il pas la reprise de l'Alsace-Lorraine ? Les statuts primitifs disaient également que la dissolution de la Ligue des Patriotes ne devrait avoir lieu que lorsque l'œuvre serait achevée ; en parlant de l'œuvre, il n'y a pas de méprise à avoir, cela voulait dire encore la reprise de l'Alsace-Lorraine. Dans les statuts primitifs de la Ligue des Patriotes, il était dit encore que dans le cas de dissolution les fonds devraient être répartis entre les survivants des morts ; cette clause ne laisse pas de doute sur le but : la guerre. Le but précisé dans ces statuts était publié dans le *Drapeau* pas mal de temps avant. *L'Alsacien-Lorrain* avait fait de ce but également le sien, et le 28 mai 1882 l'on pouvait lire : « Aujourd'hui nous sommes mille, et demain nous serons cent mille ; et un jour, sous le drapeau qui nous conduira à la bataille, nous serons tout un peuple, prêt à accepter la lutte finale; et lorsque nous aurons franchi les Vosges, vous serez là-bas, chers frères, etc. » Déroulède a dit une fois : « C'est pour l'Alsace que nous formons ces légions ! » et Sansbœuf : « Je suis enchanté de voir les membres des associations qui ont la mission de faire rentrer l'Alsace-Lorraine dans le giron de la France ! »

Il est tout à fait absurde que la reprise de l'Alsace-Lorraine doive s'opérer d'une manière pacifique. Déroulède lui-même a dit : *Ce qui était perdu par les armes devait être reconquis par les armes.* D'autres paroles et d'autres articles existent, prouvant la reprise par les armes. Examinons maintenant si la guerre, telle qu'on la préparait, était une entreprise dans le sens de la loi ; la guerre est un acte légal, seulement dans le cas où elle est faite par ceux qui ont mission, d'après la Constitution, de la décider ; autrement elle est comprise sous la dénomination de crime de haute trahison.

La préparation pour un acte légal n'existe pas dans ce cas, et sans aucun doute il n'y a aucune préparation de guerre entre Allemands et Français, vivant sous le protectorat allemand. Le jugement dit encore pourquoi les accusés se sont tous rendus coupables de haute trahison. Lorsque quelqu'un récolte de l'argent pour enlever une province à l'empire, et que le but est atteint, le fait de haute trahison est accompli; il pose en principe que le fait de quêter n'est qu'un acte préparatoire.

Viennent ensuite les considérations constatant qu'il y a là un délit défini: la séparation violente de l'Alsace-Lorraine, telle que la Ligue des Patriotes la poursuivait. Les actions des prévenus sont-elles de nature à pouvoir servir à l'entreprise? La réponse est pour l'affirmative, car la quête d'argent est un moyen propice pour le but de la Ligue. Ce serait une erreur de croire que la culpabilité dépende de l'importance de la somme, car les cotisations si petites qu'elles soient, augmentent les fonds de la Ligue ; il est vrai qu'elle n'est pas une association en elle-même dont l'existence, l'organisation et le but doivent être ignorés par le gouvernement allemand, mais bien une association dont l'existence en Alsace-Lorraine devait être tenue secrète au gouvernement allemand. La Ligue comptait comme Français ceux qui habitent l'Alsace-Lorraine.

Quels sont les prévenus dont la culpabilité est prouvée ?

D'abord Kœchlin. — Il a été fait membre de la Ligue des Patriotes en 1884, et même membre associé. A la fin de l'année 1884 il payait encore à Paris comme membre une cotisation et l'on a trouvé chez lui des cartes de membre des années 1884, 1885, 1886. C'était donc une action continue de sa part. Si le tribunal ne s'est pas occupé de ce qu'il a fait en France, il n'y a pas de doute que sa conduite en 1885 et 1886 tombe sous le coup des prescriptions, son domicile étant transféré en Allemagne.

Kœchlin lisait le *Drapeau* et avait lu probablement l'appel qui se trouvait dans chaque numéro et connaissait le but de la Ligue. Le tribunal est convaincu que lui plus que tout autre était au courant de ladite Société.

Vient ensuite Blech. — On a trouvé chez lui une carte de membre (année 1886) ; il est désigné comme membre fondateur soi-disant, il n'a pas payé sa cotisation de l'année 1886, mais il avoue avoir payé sa quote-part des années 1883 et 1884 et avoir été membre ; il dit qu'il croyait que l'Alsace-Lorraine pouvait être reconquise pour la France par la voie pacifique, mais comment pouvait-il croire à cela du moment que la conquête pacifique ne peut concorder avec l'exercice de tir, etc. ; — il est prouvé en plus qu'il a pris part à la vie politique en France et sûrement il était au courant des desseins de la Ligue.

Ensuite vient Trapp. — Il lisait *l'Alsacien-Lorrain*. Il a été invité à plusieurs reprises par Schiffmacher à faire partie de la Ligue des Patriotes ; il a accédé à son désir et même a fait une quête qui a produit 90 francs, auxquels il a ajouté pour son compte 10 francs et a remis le tout à Schiffmacher, qui a rapporté ladite somme à Paris ; il reçut le diplôme de membre fondateur en 1884 ; il paya 10 francs et fut membre associé. Il est inadmissible qu'un homme qui se trouvait dans de pareils termes avec la Ligue des Patriotes ne soit pas au courant de ses desseins. Il a avoué au juge d'instruction que le but poursuivi par cette Société était la réannexion de l'Alsace-Lorraine; il l'a nié plus tard, mais le juge d'instruction a cependant déclaré, sous la foi du serment, que Trapp avait fait cet aveu.

Schiffmacher a fait partie de la Ligue en 1882-83, sur l'invitation d'un Français, et reçut une médaille en cuivre pour 5 francs. Comme il est dit ci-dessus, il a reçu de Trapp les 100 francs qu'il porta en France ; là-bas, il reçut une médaille d'argent pour Trapp ; il n'y a pas à douter qu'il recrutait des listes, puisqu'il était membre fondateur et qu'il était constamment employé comme homme de confiance ; certainement il devait connaître les desseins de la Ligue.

Jordan, que le Tribunal a acquitté. — A payé, sur l'invitation du Français Baur, 5 francs. Ce dernier lui a dit qu'il s'agissait de secourir des Associations de gymnastique. Lorsqu'il lui a envoyé la carte de membre accompagnée de la médaille, Jordan a déclaré que cet envoi lui était désagréable. Le témoin M. l'Inspecteur de police Zahn a déclaré, à son tour, qu'il n'est pas prouvé que ceux qui ont payé une fois connaissaient le dessein de la Ligue. C'est le cas qui se présente chez Jordan; il a envoyé d'autres lettres sous une adresse d'emprunt, la lettre adressée à Baur prouve qu'il connaissait le but de la Ligue, mais seulement après l'envoi d'argent à Baur.

Reybel, acquitté également, a versé une fois 5 francs et reçu la carte de membre; il a déclaré que Gritzinger avait dit qu'en versant cette somme il devenait membre d'une Société de gymnastique et que le but de la Ligue était de la secourir.

L'acquitté *Freund* a envoyé, lui aussi, 10 francs à la Ligue; seulement, comme il a dit, pour recevoir la médaille en question; il n'est pas prouvé que cette déclaration soit vraie, mais rien ne prouve non plus qu'elle n'était pas fausse. Le témoin *Reinboldt* a prouvé que Freund était en effet collectionneur de médailles;

d'après cela, on ne pouvait admettre qu'il était coupable. Quant à l'acquitté *Humbert*, qui était membre fondateur, et qui avait versé deux fois sa quote-part, le tribunal donne les mêmes motifs que M. le procureur général de la Haute Cour avait déjà développés — le tribunal ne le croit pas responsable, mais il est d'avis que, vu sa faiblesse d'esprit, il n'avait pas conscience de la portée et de la conséquence de ses actes.

La condamnation, s'il y a lieu, était basée sur l'article 86, les circonstances atténuantes n'ayant pu être accordées à aucun des condamnés; la peine d'emprisonnement dans une forteresse a été regardée comme répondant à l'accusation.

Kœchlin étant Français, s'est vu frappé du minimum de la peine, *Blech* et *Schiffmacher* ont été condamnés au maximum de la peine, parce qu'ils ont trahi le serment donné à l'empereur; le Tribunal ne pouvait se convaincre qu'il avait cependant conscience de la violation du serment ; il dit plus loin que s'il avait pu s'en convaincre, il aurait prononcé d'autres peines ; ils avaient été pour le moins imprudents.

Les quatre acquittés ont été mis en liberté de suite, les autres ramenés en prison.

Grande Imprimerie, 19, r. du Croissant, Paris. — J. Cusset.

www.ingramcontent.com/pod-product-compliance
Ingram Content Group UK Ltd.
Pitfield, Milton Keynes, MK11 3LW, UK
UKHW022056190726
13855UKWH00002B/520

9 782013 030434